Muna Zeyn

Envelhe Ser

Prefácio: Luiza Erundina

KOTTER EDITORIAL

Coordenação Editorial: Sálvio Nienkötter
Editor-Executivo: João Lucas Dusi
Capa: Jussara Salazar
Design editorial: Carlos Garcia Fernandes
Produção: Cristiane Nienkötter
Revisão e preparação de originais: Camilo Borges de Carvalho

Dados Internacionais de Catalogação na Publicação (CIP)
Angelica Ilacqua CRB-8/7057

Z61e
Zeyn, Muna
EnvelheSer : desconstruindo os estigmas da velhice / Muna Zeyn. – 1 ed. – Curitiba : Kotter editorial, 2024.
120 p.

ISBN 978-65-5361-315-7

1. Desenvolvimento pessoal 2. Envelhecimento 3. Saúde mental I. Título
CDD 158.1

24-1876

Kotter Editorial Ltda.
Rua das Cerejeiras, 194
CEP: 82700-510 - Curitiba - PR
Tel. + 55(41) 3585-5161
www.kotter.com.br | contato@kotter.com.br

Feito o depósito legal
1ª Edição
2024

Muna Zeyn

Envelheser

Prefácio: Luiza Erundina

Agradecer é preciso

Este livro surge como um tributo às muitas pessoas cujas influências entrelaçaram-se na tapeçaria do meu envelheSer. Algumas famosas, outras anônimas, mas igualmente heroínas no que importa. Aos jovens e sábios de todas as idades, cujas histórias se cruzaram com a minha em becos de favelas, enquanto assistente social; nos corredores de projetos habitacionais como o Promorar; entre as paredes de hospitais; nas universidades onde lecionei e os estúdios de Rádio e TV, onde deixei pequenas pegadas de minha passagem, estendo minha mais sincera homenagem e gratidão.

Na minha jornada como assistente social, descobri que ouvir é um portal para mundos inexplorados de sabedoria e humanidade. Cada história compartilhada desafiou a visão histórica e cultural de que a velhice está intrinsecamente ligada ao sofrimento e à limitação. Agora, aos 68 anos, sinto uma camaradagem com aqueles cuja inquietação pela mudança social e pessoal inflama a minha própria vida. A bravura e empatia da Geração de 1968 ressoam comigo, seus ecos fortalecem uma convicção e inspiração de uma velhice inquieta com a vida.

Sempre fui uma pessoa com ouvidos atentos. A necessidade que sinto em falar tudo aquilo que vamos encontrar nestas páginas é resultado do que acumulei desde criança. Como órfã, percebi algo de mim nos idosos abandonados que conheci. A vontade de escutar era, na verdade, o desejo de ser acolhida. E fui. Aquelas histórias me transformavam; todas as decisões que tomei devo a essas minhas "escutas". Desde um conselho de meu "pai-avô", em razão da gigantesca diferença de idade entre nós, principal transmissor dessa inquietude que me habita, às minhas vizinhas, senhoras muito humildes, uma delas, inclusive, minha mãe levava almoço com certa frequência. Um convívio que mostrou um mundo mais acolhedor e generoso.

O propósito deste livro desperta em mim a necessidade de agradecer — uma gratidão que se enraíza no reconhecimento de um mundo mais rico e mais pleno graças aos encontros que tive. Essas pessoas trouxeram consigo novas perspectivas e adaptabilidades e a certeza renovadora de que viver plenamente é um direito de todas as pessoas de todas as idades, em todas as fases da vida.

As histórias que aqui se desdobram buscam destacar a necessidade de um novo entendimento sobre o envelhecimento — um convite para juntos reimaginarmos um futuro e um presente em que a idade avançada seja sinônimo de respeito e oportunidade, não de preconceito ou exclusão.

Meu agradecimento também é estendido a Camilo Borges de Carvalho, coautor desta obra, cuja parceria nesta empreitada revelou-se inestimável. Sua competência literária e a vivência pessoal no cuidado atencioso com sua mãe trouxeram uma autenticidade palpável a este trabalho.

Que este livro seja um farol que ilumine e inspire, encorajando as novas gerações a fazer ecoar suas vozes e a relatar suas próprias experiências no ciclo da vida. É com uma agitação persistente e uma convicção inabalável que rejeito o estereótipo obsoleto e injusto que confina nossos idosos à sombra da invisibilidade, em vez de celebrar suas vidas ricas e diversificadas.

Por último, mas não menos importante, quero agradecer aos meus irmãos, minha cunhada, meus sobrinhos e sobrinhos-netos e claro, aos meus pais (em memória). Escrever este livro foi, sem dúvida, uma jornada extraordinária e não poderia deixar de expressar minha mais profunda gratidão a todos. Pessoas que sempre estiveram ao meu lado, me apoiando e encorajando. Vocês são uma fonte constante de inspiração e força.

Muna Zeyn

Porque se chamavam homens
Também se chamavam sonhos
E sonhos não envelhecem
Em meio a tantos gases lacrimogênios
Ficam calmos, calmos, calmos
E lá se vai mais um dia, ooh.

Flávio Venturini, Clube da Esquina

Prefácio

Luiza Erundina de Sousa

É mais um prefácio dentre tantos que já fiz. Este, porém, é diferente, é especial. Isso porque é um livro cuja autora — Muna Zeyn — é uma querida colega de profissão, minha ex-aluna de graduação do curso de Serviço Social das FMU's — Faculdades Metropolitanas Unidas de São Paulo. Trabalhamos juntas durante quatro décadas, como assistentes sociais concursadas da Prefeitura Municipal de São Paulo, ambas atualmente aposentadas.

Qual não foi minha grata e feliz surpresa descobrir a Muna Zeyn que se revela nas entrelinhas deste seu livro, inclusive o interesse pelo tema que aborda: "O envelhecer: nuances e texturas que acompanham a transição para a velhice". Ela considera que este seu trabalho é "um dos pilares mais significativos do que possa legar".

Na apresentação, Muna nos convida a "embarcar nesta jornada. Vamos navegar juntos pelas marés de reflexões e descobertas que me levaram a construir estas linhas". Afirma ter se sentido imersa na abordagem do tema que lhe cativou profundamente.

Declarou ainda que "nessa viagem de introspeção espera não somente tocar a imaginação, mas também alcançar e acalentar os corações daqueles que se aventuraram pelas profundezas dessa busca".

Como se vê, no contato com a dura realidade das pessoas que abordou na sua pesquisa, a autora ficou bastante envolvida e sensibilizada, o que, no entanto, não comprometeu a objetividade da análise que faz dos variados e ricos aspectos do tema que escolheu para o seu estudo.

Nesse sentido, destaco algumas interessantes observações da autora sobre a sua experiência profissional como assistente social e como lhe valeu muito para a pesquisa e a elaboração do trabalho, diz, por exemplo, ter descoberto a importância do "ouvir" como um portal de acesso a mundos inexplorados de sabedoria e humanidade, e onde teria compartilhado histórias que confrontaram a visão arcaica sobre a velhice que, inexoravelmente, estaria ligada a sofrimento e a limitações.

Dessa inteligente "descoberta" da autora, já é possível inferir sua concepção construtiva sobre a velhice, e que fica claramente comprovada ao longo dos vários aspectos deste trabalho.

Outro ponto importante diz respeito ao apelo insistente e apaixonado da autora a favor da mudança. Chega a identificar-se, ou como ela anota, "sentir camaradagem" com os que se inquietam pela mudança pessoal e social e que, segundo diz, "inflama sua própria 'inquietação'".

Posso testemunhar, como sua colega de profissão e companheira de militância sindical e político-partidária ao longo de quarenta anos, que Muna Zeyn é a inquietação em pessoa e que ninguém que convive com ela deixa de contagiar-se com o seu temperamento ativo e sua atitude enérgica no sentido da mudança.

É daí que vem sua "empatia" com o movimento da geração de 1968, cujos ecos, conforme suas palavras, "ressoam até ela mesma como inspiração e fortalecimento de suas convicções".

Vale salientar, ainda, que Muna Zeyn é uma destacada liderança do movimento feminista no Brasil, particularmente na luta em defesa da saúde da mulher e de todos os seus direitos que, historicamente, lhe têm sido negados pela sociedade brasileira que é machista e patriarcal.

Em reconhecimento à sua dedicação a essa causa, a bancada feminina da Câmara dos Deputados conferiu a Muna, no ano de 2022, o Diploma Mulher-Cidadã

Carlota Pereira de Queirós, cuja condecoração homenageia mulheres que tenham contribuído para a defesa dos direitos da mulher.

É por tudo isso, pois, que para mim é diferente e prazerosa a tarefa de prefaciar este livro que trata do processo de envelhecer — como um dos estágios da rica e complexa existência humana, em especial nos tempos de hoje, marcados por profundas transformações e grandes desafios, particularmente para os que estão virando a página da sua história pessoal neste planeta.

Confesso que, passando curiosamente pelas entrelinhas deste trabalho, me descubro nele, embora nem de longe a autora tenha deixado entrever em suas observações e análises, o quanto desta octogenária poderia transparecer no seu estudo, o que seria natural, considerando-se o longo tempo de convivência entre nós. Isso, porém, não me incomodaria nem um pouco. Ao contrário, me interessaria descobrir neste trabalho aspectos do meu processo de envelhecimento que possa ser melhorado, no meu próprio interesse, e dos demais com quem convivo.

Quero salientar, também, a perspicácia da autora: com o apoio competente de um colega, o jornalista Camilo Borges de Carvalho, ela conseguiu captar a dura realidade expressa pelos fatos observados. Para Muna, a prática da escuta profissional tornou-se, para si, uma "oportunidade de aprendizagem e descoberta"; fatos esses que a tocaram de modo profundo, gerando uma verdadeira empatia com o sofrimento das pessoas que observou e analisou no seu estudo; ao mesmo tempo em que demonstra grande sensibilidade e simpatia pelos sujeitos que escuta e com quem partilha sentimentos e emoções, convidando seus eventuais leitores a refletirem sobre o impacto que tais fatos exercem sobre suas vidas e relações, e suas implicações no processo de envelhecimento.

Por estar vivendo a última fase da minha existência na Terra, e por aceitar o convite da autora para refletir sobre esse instigante tema, sinto-me ao mesmo tempo como se estivesse dentro e fora desse processo de busca e de descoberta do SER no envelhecer.

Este, a meu ver, é o "essencial" deste livro, sobre o que tento lançar luz, no sentido de iluminar a busca das suas leitoras e leitores a respeito das questões que lhes "inquietam" ou que despertam curiosidade e interesse.

Acompanhei de perto o difícil caminho que a autora percorreu, visto que, ao mesmo tempo em que desenvolvia sua pesquisa com objetividade e racionalidade, assumia uma atitude de compaixão com as pessoas que vivem o processo de envelhecimento, em um mundo que, destituído de sensibilidade e valores humanos, trata os idosos com descaso e indiferença, independentemente da condição de classe social.

É dever do Estado, como defende a autora, a promoção de políticas públicas que assegurem a todas as pessoas, no seu natural processo de envelhecimento, plenos direitos de cidadania como prevê o Estatuto do Idoso e da Idosa. Além disso, a sociedade civil deve contribuir para estimular e ajudar na autonomia dos idosos e idosas, de modo a construírem seu próprio espaço nas suas cidades, livres de preconceito e discriminação.

A certa altura, Muna Zeyn declara que o "propósito do seu livro é a necessidade de agradecer a existência de um mundo que", conforme sua explicação, "tornou-se mais rico e mais pleno graças aos encontros que teve com pessoas que lhe trouxeram novas perspectivas, prova de resiliência e a certeza renovada de que viver plenamente é um direito de todas e todos".

Finalmente, a autora nos convida "a sonhar, a imaginar, a conversar olhando nos olhos, a reconhecer nossa vulnerabilidade como um caminho para o crescimento".

Juntemo-nos, pois, a Muna Zeyn, que acredita na possibilidade de construir uma sociedade mais justa e inclusiva, onde a pessoa idosa, homem ou mulher, seja tratada com respeito e dignidade, como um sujeito de direitos.

Concluo afirmando que este oportuno e necessário trabalho de Muna Zeyn é um veemente e generoso apelo para que a fase final da existência humana seja celebrada como o alvorecer de uma outra vida em um novo tempo, o tempo do EnvelheSer.

Apresentação

Ao embarcar na odisseia de compor este livro, minha intenção era entrelaçar um mosaico de vivências que marcaram os caminhos que percorri. Estas reflexões começaram como o diário de uma mulher que velejou através dos oceanos da existência, enfrentando suas águas tranquilas e suas tempestades com igual determinação, desejando compartilhar o espectro completo de emoções que pintaram sua vida — amor e perda, medo e abandono, esperança, resistência e persistência.

À medida que as palavras fluíam, encontrei-me imersa em um assunto que sempre me cativou profundamente: as nuances e as ricas texturas que acompanham a transição para a velhice. Este assunto acabou por ser o tecido que deu forma ao livro que agora tenho a alegria de apresentar — um trabalho que se ergue como um dos pilares mais expressivos do que posso legar.

Com isso, convido você, caro leitor e cara leitora, a embarcar nesta jornada. Vamos navegar juntos pelas marés de reflexões e descobertas que me levaram a construir estas linhas, em uma viagem de introspecção por meio da qual espero não somente tocar sua imaginação, mas também alcançar e acalentar os corações daqueles que se aventurarem pelas profundezas deste relato.

> *Pássaros "idosos" não voam mais,*
> *e não há casas de repouso para eles.*
> *Portanto, os mais jovens passarinhos os alimentam.*
> *Essa é uma grande mensagem para os seres humanos.*
> *E que mensagem! Aos filhos, à família, à igreja e à sociedade.*
>
> *Autor desconhecido*

Sumário

En
ve
lhe
Ser

Foi um dos nomes mais importantes na defesa do voto feminino e a segunda mulher a ocupar um cargo como deputada federal. Em junho de 1954, aos 60 anos, Bertha Lutz retoma o trabalho do Museu Nacional e percorre várias partes do país colecionando material científico. Aos 68 anos, foi presidente de honra da assembleia da Associação Latino-Americana de Herpetologia. Morreu em 16 de setembro de 1976, aos 82 anos.

1. Envelhecimento e Dignidade: Um Novo Paradigma

Ao abraçar a tarefa de escrever sobre o processo de envelhecimento, percebi como oportunidade o confrontar-me com uma verdade inexorável: todos envelhecemos, e fazê-lo com dignidade é mais do que uma opção sensata — é um direito. Antecipar as condições nas quais envelheceremos transcende a mera possibilidade; é uma imperativa necessidade diante de um mundo em acelerada evolução.

Hoje, homens e mulheres da minha geração estão alcançando a terceira idade com uma vitalidade e qualidade de vida sem precedentes. Há uma inquietação renovada para continuar trabalhando, estudando e cuidando de nós mesmos de maneiras que as gerações anteriores talvez sequer pudessem imaginar.

Contudo, esse período de nossas vidas também nos apresenta desafios e transformações substanciais.

Essas mudanças, que se manifestam em aspectos físicos, psicológicos e econômicos, exigem de nós e da sociedade uma ruptura cultural e adaptabilidade. A luta contra o etarismo, um mal que aflige parcela significativa dos brasileiros e das brasileiras, exige combate, tenacidade e resistência.

Vale lembrar que envelhecer com qualidade não é apenas uma questão de saúde e bem-estar individual, mas um desafio coletivo que demanda uma mudança na maneira como a sociedade vê e valora aqueles e aquelas que alcançaram a terceira idade. É uma questão intrincada, entrelaçada com nossas normas culturais e expectativas, e resolver esse enigma exige de nós um outro tipo de abordagem, com mais empatia, onde cada um de nós tem um papel a desempenhar.

Refletir sobre o processo de envelhecimento com suas multifacetadas dimensões, tanto as positivas quanto as negativas, exige um entendimento mais profundo do que significa essa etapa da vida. Para viver plenamente esse processo, é necessário aprender a se reconectar consigo mesmo, de maneira cuidadosa, amorosa e saudável do que em qualquer outro momento, especialmente à luz dos avanços recentes em áreas como ciência e tecnologia.

Compreender essa fase da vida não é apenas uma ação de autoconhecimento, mas um desafio para romper com preconceitos arraigados, como o etarismo, que a sociedade moderna infelizmente ainda impõe. Esses estigmas podem distorcer e até mesmo macular essa etapa da vida, principalmente em um mundo que idolatra a juventude e falha em reconhecer e respeitar a sabedoria e o valor dos idosos, outrora tão reconhecidos e cultuados. A importância e o papel desses indivíduos na construção da história e na transmissão de conhecimentos e valores para as gerações futuras são muitas vezes obscurecidos e/ou menosprezados.

A sociedade moderna, em sua complexidade, frequentemente manifesta comportamentos que podem ser interpretados como violentos para com os idosos, comportamentos esses enraizados e espelhados em estruturas sociais e familiares. O que resulta em dependência, doença, solidão e o abandono do estado e da família. Aspectos que demandam nossa atenção, e mesmo compaixão, que serão aprofundadas neste livro.

O envelhecimento, portanto, não é apenas um fenômeno biológico. Menos ainda uma fase a ser vivida em silêncio e resignação. Trata-se de um estágio vital da existência humana, rico em experiências e possibilidades, e merece ser compreendido e celebrado em toda a sua grandeza e complexidade. É um chamado para o reconhecimento de que cada etapa da vida carrega consigo sua própria beleza e significado, e que a sabedoria e a experiência que vêm com os anos são tesouros a serem valorizados, não apenas pelo indivíduo que envelhece, mas por toda a sociedade.

A partir disso, é preciso reavaliar a percepção sobre a velhice e a vida após os 60 anos em nossa sociedade. Trata-se de um tema que reverbera globalmente, todos os dias, influenciando políticas públicas, ciências sociais, culturas do Ocidente ao Oriente e o mercado. É o tempo de nos desvencilharmos da ideia de que a juventude precisa sempre ser exaltada, ao mesmo tempo em que, na prática, se oprime e desvaloriza os idosos, menosprezando o que não é novo.

Caso sejam estimulados a aprofundar-se na compreensão da velhice, asseguro-lhes de que a jornada será repleta de desafios, mas também de fascínios.

Onde se encontrarão os idosos do nosso tempo? Estarão confinados em condições adversas sob viadutos, asilos ou cantos de salas? Ou brilham em palcos, vitrines, laboratórios científicos, passarelas, parlamentos, ondas de surf e nas redes sociais?

Com efeito, estamos diante de uma diversidade de idosos: há nonagenários aventureiros, saltando de bungee jump, e sexagenários lidando com o desânimo. Eles não compõem, portanto, uma categoria social uniforme.

Ao convidá-los a pensar a posição do idoso na atualidade, é importante que nossa visão vá além do simples cuidado. É fundamental reconhecer o idoso como um ser autônomo. Assim, o ato de cuidar deve ser consensual, e decisões, como o local de moradia, devem ser respeitadas. Mesmo em meio a transformações, é essencial que suas necessidades sejam atendidas, e que o idoso seja integrado ao dia a dia das famílias, grupos sociais e políticas governamentais.

Abordarei nuances do dia a dia daqueles que enfrentam certas limitações. Contudo, rejeitarei a situação do idoso relegado e menosprezado, o que, além de desumana, já não reflete a realidade atual.

Certamente, o processo de envelhecimento traz à tona reflexões sobre a morte e a efemeridade da existência, bem como a reconfiguração do desejo e da sexualidade. Não é raro enfrentar momentos de desconforto com a própria imagem, pois, em uma sociedade que idolatra a juventude, o corpo jovem torna-se o ideal almejado, enquanto a figura do idoso simboliza aquilo que se busca evitar: a inexorabilidade do tempo.

O "velho" é frequentemente visto como um estranho, um reflexo distorcido com o qual não nos identificamos. Assim, ao confrontar-se com o envelhecimento através do olhar alheio, o que se revela pode ser desagradável: as marcas do tempo, como rugas, cabelos embranquecidos e manchas. Em meio a isso, pode surgir a sensação de que a vida perdeu sua razão.

O envelhecimento, contudo, transcende a simples passagem dos anos. Ele se manifesta, em muitos aspectos, na atenuação do desejo e na crescente consciência da finitude. No entanto, essa percepção não é uma verdade absoluta. O cerne da questão não reside no transcorrer do tempo em si, mas no sentimento de envelhecimento que pode se instalar no espírito humano.

Quando o desejo se esvai, a vitalidade se atenua, independente da idade. Assim, a verdadeira "velhice" pode ser mais um estado de espírito do que uma condição física. E essa sensação pode surgir em qualquer fase da vida, seja na juventude, na maturidade ou na terceira idade. O importante, então, é cultivar a mentalidade que valorize o presente, que continue a desejar e a se reinventar, independentemente das marcas que o tempo deixa em nossa aparência.

Portanto, minha proposta não visa compor um tratado como: O Envelhecimento na Atualidade, mas sim ressaltar a importância do autocuidado e de viver o presente, cuidando da saúde física e emocional para assegurar amor e reconhecimento a esses indivíduos (nós mesmos) em todas as fases da existência.

É preciso levar em conta, também, o paradigma que rege a vida dos que ultrapassaram os 60 anos. Não tenho a pretensão de esgotar as questões inerentes a esse período ou propor soluções para as adversidades da terceira idade. Embora no passado as decisões tivessem sido influenciadas por outros fatores, tais como o casamento, maternidade, carreira — agora é tempo de assumir o comando da própria vida e escrever o seu principal capítulo.

Destaque-se que a cada minuto, uma pessoa no mundo atinge os 60 anos. Estimativas da ONU projetam que, até 2050, a população idosa global (pessoas com 60 anos ou mais) excederá 2 bilhões. Este crescimento populacional sinaliza transformações marcantes em vários segmentos sociais, tais como saúde, seguridade social, mercado de trabalho, além das dinâmicas de comunicação e linguagem. Estes dados evidenciam a urgência de que governos iniciem rapidamente a preparação para responder os desafios impostos pelo envelhecimento populacional, propondo soluções pertinentes e tempestivas. Estamos testemunhando o nascimento de novos arranjos familiares que comportam novos papéis e perfis a idosos, delineando um novo significado para o processo de envelheSer.

> *E aquela coisa que eu sempre tanto procurei*
> *é o verdadeiro sentido da vida*
> *abandonar o que aprendi parar de sofrer*
> *viver e ser feliz e nada mais*
> *mas é preciso você tentar*
> *talvez alguma coisa muito nova possa lhe acontecer!!*
>
> Aquela Coisa, Raul Seixas

Pepe Mujica, ex-presidente do Uruguai, propõe uma introspecção significativa a respeito das prioridades de nossas vidas. Ao ressaltar a tendência humana ao materialismo e à preocupação com trivialidades, Mujica desafia-nos a reconhecer a importância das conexões humanas e da empatia. Seu discurso ecoa como um lembrete de que a verdadeira essência da vida reside no que é genuinamente importante: as relações que construímos e os sentimentos que compartilhamos. E é neste ponto crucial, nesta intersecção de humanidade e significado, que ele sugere que devemos apostar e confiar. O contrário nos leva ao tortuoso caminho da infelicidade e, incluindo a pior de todas as hipóteses: o suicídio.

A coisa mais moderna que existe nessa vida é envelhecer
A barba vai descendo e os cabelos vão caindo pra cabeça aparecer
Os filhos vão crescendo e o tempo vai dizendo que agora é pra valer
Os outros vão morrendo e a gente aprendendo a esquecer
Não quero morrer pois quero ver como será que deve ser envelhecer
Eu quero é viver pra ver qual é, e dizer venha pra o que vai acontecer

Envelhecer, Arnaldo Antunes

2. Sororidade Através do Tempo: Memórias de Resiliência e Renovação

A imagem que construí dos mais velhos foi de amor e de cuidado. O modelo de velho que vivenciei era outro. Era o de pessoas inquietas.
Muna Zeyn

Certa vez, mamãe me contou sobre uma mulher extraordinária: ela havia alcançado o prestígio de ser a um só tempo diplomata e professora universitária. Nos meus tenros nove anos de idade, eu mal podia compreender a magnitude de tais conquistas. Minha mãe falava dela com autêntica admiração. Criada por uma mãe solteira, que sustentava a família vendendo doces na Rua 25 de Março, essa mulher era um estandarte de superação e orgulho feminino. Aprendi muito cedo sobre a importância de mulheres apoiarem umas às outras, uma lição de sororidade (o combate ao mito

Foram mais de 60 anos de carreira, com inúmeras músicas no topo das listas de sucesso no Brasil. Em 2000, aos 70 anos, foi premiada como "Melhor Cantora do Milênio" pela BBC em Londres. Em 2019, lançou, aos 89 anos, seu último álbum, eleito um dos 25 melhores álbuns daquele ano. Em 2021, aos 91 anos, tornou-se imortal da Academia Brasileira de Cultura. Elza Soares morreu em 20 de janeiro de 2022, aos 92 anos.

de que mulheres são rivais e estão sempre competindo umas com as outras) vivida antes mesmo de este termo ser difundido. A vida dessa profissional de altíssimo nível foi marcada por um episódio trágico: um atentado contra sua vida, orquestrado, (descobri mais tarde), pelo ex-marido, em resposta ao seu pedido de desquite. Isso se deu na década de 1960, e aquele ato refletia a dominação patriarcal, que, infelizmente, ainda hoje impõe suas regras, subjugando mulheres com normas que privilegiam os homens, perpetuando, assim, as desigualdades. Aos 45 anos, essa mulher já enfrentava julgamentos por sua idade, uma discriminação que persiste, como mostram os recentes ataques a uma universitária na faixa dos quarenta anos. Essa história, então, não é apenas uma memória; é um espelho das necessárias lutas atuais.

Cresci, e, com a inquietude, veio a transformação: tornei-me assistente social e me lancei ao trabalho nos bastiões urbanos, junto a mulheres marcadas pela violência de gênero. Constatação inevitável: é no caldeirão das adversidades que se forjam alianças femininas. Vi, nos grupos de apoio, a sororidade sem fronteiras sociais, onde histórias de abusos, tanto físicos quanto emocionais, eram compartilhadas por mulheres de todas as idades, incluindo muitas idosas.

Na transição das décadas de 80 e 90, abracei a oportunidade de integrar o Conselho Estadual da

Condição Feminina de São Paulo, contribuindo para o desenvolvimento de políticas públicas focadas nas necessidades das mulheres, com especial atenção às idosas, negras, pobres e com deficiência das periferias. Foi um período de ouro, um marco em minha trajetória, no qual pude contribuir diretamente na implementação de iniciativas que almejavam a equidade de gênero e a inclusão social, reforçando minha crença no poder das políticas públicas como alicerce para uma sociedade mais justa e equitativa. Uma convicção que se aninhou em mim desde a infância, por volta dos nove anos, e se desdobrou em uma vida de compromisso e dedicação.

Naquele período, e em minha subsequente atuação na prefeitura paulistana, constatei uma realidade pungente: inúmeras mulheres adentravam a terceira idade sob um fardo pesado, que persistia ao longo de suas vidas. Não só mantinham suas obrigações profissionais, mas também enfrentavam o cumprimento das tarefas domésticas e o cuidado com a família. Eram pilares do lar, encarando duplas jornadas, e, mesmo ultrapassando a barreira dos 60 anos, viam-se distantes da possibilidade de repouso necessário à velhice. Essa realidade desenha, pois, um panorama de desigualdade social que se mostra ainda mais contundente na terceira idade.

O avanço no envelhecimento populacional é um fenômeno global, e o Brasil está na vanguarda dessa transformação demográfica. O salto na expectativa de vida dos brasileiros para 76 anos em 2020, ante os 46 anos em 1940, segundo o IBGE, é um marco que evidencia tanto progresso quanto desafio. Já categorizado como um país de idosos, com mais de 30 milhões de pessoas na faixa acima dos 60 anos, enfrentamos a necessidade de adequar infraestruturas e serviços. As mudanças englobam uma maior inserção dos idosos no mercado de trabalho e na educação continuada. As funções que ocupam, muitas vezes subutilizando sua capacidade, como empacotar produtos ou distribuir panfletos, não correspondem à valiosa experiência que possuem. O papel do Estado é crucial na criação de políticas que respondam a essas questões, mitigando a ampliação das disparidades sociais e assegurando uma qualidade de vida condizente com a contribuição que esses cidadãos ainda podem oferecer à sociedade.

Importa que todas e todos compreendam os diversos aspectos dessa etapa, incluindo a sexualidade, a saúde física e mental, o mercado de trabalho, o preconceito e a discriminação contra pessoas mais velhas. Proponho pensarmos para além dessa caixa em que o idoso é colocado, aquele modelo, sabe: pijama, mantinha no sofá, caldinho — quando tem, cama, depois maca e sepultura. Ocorre uma espécie de coisificação do sujeito velho; mas ele é um indivíduo que tem desejos, frustração, mau-humor e vontades, como outras pessoas em qualquer fase da vida. Mas eu voltarei a falar mais sobre isso.

> *Eu não vou sucumbir*
> *Eu não vou sucumbir*
> *Avisa na hora que tremer o chão*
> *Amiga, é agora, segura a minha mão*

Libertação, Elza Soares

Além de reconhecer as valiosas contribuições dos idosos, é fundamental escutar atentamente suas vozes e valorizar suas experiências acumuladas ao longo da vida, assegurando que lhes sejam garantidos os mesmos direitos e oportunidades oferecidos aos mais jovens. Tome-se, por exemplo, Ney Matogrosso, um verdadeiro ícone da música popular brasileira, que, com mais de 80 anos, desafia as convencionais expectativas sobre a terceira idade. É instigante perceber como certas figuras públicas, tal como Ney, escapam do estigma frequentemente associado ao envelhecimento. Por que o rótulo de "velhice", com suas conotações de obsolescência, deveria ser indiscriminadamente aplicado aos que alcançam a sexta década de vida? Esta reflexão se estende para todos nós — seja no papel de educadores, assistentes sociais ou outros profissionais. A ideia de que a aposentadoria equivale a uma "morte em vida", ou que alguém se torna automaticamente improdutivo após uma certa idade, é uma visão distorcida e nociva imposta por normas sociais arcaicas e que merece ser vigorosamente descontruída.

> *"Apareceu-me, faz poucos dias, com seu charme, perfume e sorrisos habituais. Mas havia um ar de tristeza no seu rosto. E fez o que nunca havia feito: um desabafo.*
> *'Se as coisas continuarem do jeito como vão, eu logo vou ser forçado a me aposentar. Porque agora os homens fazem, não por maldade, mas por pura burrice, aquilo que, em outras épocas, eu só conseguia após uma longa batalha de tentações. Que tempo é esse em que os homens não mais precisam ser tentados? A vida perdeu a graça...'".*
>
> A aposentadoria do Diabo, Rubem Alves

Outro exemplo emblemático é o de Fernanda Montenegro, uma das personalidades mais influentes de nossa era. De acordo com um estudo conduzido pelo Instituto QualiBest, Montenegro foi eleita, aos 93 anos, a mulher mais admirada do Brasil, superando ícones da música como Ivete Sangalo, aos 50 anos, e Anitta, que recentemente celebrou seus 30 anos. Este reconhecimento revela não apenas o respeito e a estima que Fernanda Montenegro inspira em todas as gerações, mas também sublinha a capacidade de indivíduos na terceira idade de permanecerem relevantes e influentes no cenário cultural e social. A sua trajetória desafia as narrativas convencionais sobre a velhice e reitera que a admiração e a influência transcendem as barreiras etárias.

Estamos diante, portanto, de um fenômeno, o do "velho sem idade". Figuras como Caetano Veloso, Lulu Santos, Gilberto Gil, assim como as inesquecíveis Dona Ivone Lara, Elza Soares, Gal Costa, Rita Lee e Tina Turner, traçaram suas rotas artísticas quebrando barreiras e preconceitos. Com uma rebeldia que marcou suas juventudes, esses artistas entraram na terceira idade levando consigo um espírito tão jovial que a passagem do tempo parece apenas um sutil contorno em suas expressivas carreiras.

No entanto, na esfera política, a hostilidade para com os mais velhos se manifesta de maneira incisiva, acompanhada de uma dinâmica ainda mais preocupante: a sub-representação feminina. Apesar de haver um crescimento na presença de mulheres no cenário político, na Câmara dos Deputados, as mulheres compõem apenas 17,7% do total de parlamentares, com apenas duas deputadas acima dos 80 anos — Luiza Erundina e Benedita da Silva — o que denuncia a persistência de uma cultura política dominada por homens, que desestimula candidaturas femininas, especialmente a de candidatas da terceira idade. Essa escassez de representatividade não apenas perpetua desigualdades de gênero, mas também pode conduzir a políticas públicas ineficazes ou prejudiciais, especialmente nas áreas que tocam diretamente a vida das mulheres, incluindo idosas, como saúde, seguridade social e igualdade de gênero.

Considere-se a situação da deputada federal Luiza Erundina, reeleita em 2022 aos 88 anos para o seu sétimo mandato. A experiente parlamentar, durante sua campanha, enfrentou uma enxurrada de ataques virtuais, muitos deles focados na sua idade avançada. Curiosamente, a análise dos dados comunicacionais de sua campanha revelou que grande parte desses insultos partiu de pessoas também idosas. Esse fenômeno de auto discriminação ganha contornos ainda mais complexos quando observamos a deputada federal Benedita da Silva e a cantora e deputada estadual Leci Brandão, que, além da idade, lidam com a discriminação racial — um duplo viés de preconceito que se mostra persistentemente violento e injusto.

Mas por que a agressão contra figuras idosas vem, muitas vezes, de seus próprios pares? Será que se deve ao desconforto causado pela ruptura de um idoso com o papel social que lhe foi arbitrariamente designado — o de aposentado e isolado? Sair dessa "zona de conforto" implica um desafio ao desconhecido, que pode ser doloroso e exigir grande coragem.

Este comportamento de preconceito intergeracional não está distante de nós. O estigma contra os idosos é uma reprodução cotidiana, perpetrada tanto por jovens quanto, ironicamente, pelos próprios idosos. A discriminação vem atrelada a estereótipos negativos, como a suposta falta de capacidade física ou cognitiva e a resistência à mudança. Tais concepções equivocadas são até mesmo reforçadas por idosos que adotam essas crenças e as disseminam, num ciclo de egoísmo e violência verbal que encontra eco nas redes sociais.

Esta cultura de preconceito se volta particularmente contra aqueles idosos que se destacam por sua atividade e sucesso social, promovendo um ambiente de discriminação dentro da própria demografia sênior.

A realidade é que não estamos preparando as novas gerações para encarar a velhice como uma etapa natural da vida, mas sim como um desfecho. Isso alimenta uma cultura desumana de antipatia aos mais velhos, onde muitas vezes falta apoio psicológico, mental e físico para quebrar esse ciclo. Precisamos de referências que nos mostrem que o avançar da idade pode ser vivido com dignidade e ativismo, e não como um fim em si.

As barreiras que encontramos ao lidar com idosos muitas vezes se manifestam nas interações cotidianas, nas quais o diálogo pode se tornar truncado e carregado de desafios mútuos. Seja na busca por atenção de um filho ou neto, seja na própria aceitação da identidade; essas relações exigem de nós uma dose generosa de paciência, amorosidade e afeto recíproco. Assim como fomos amparados em nossa infância, quando nossas fragilidades físicas e cognitivas demandavam cuidados constantes, deveríamos estender o mesmo acolhimento aos idosos. No entanto, paradoxalmente, são essas mesmas vulnerabilidades na velhice que, em alguns casos, levam à indiferença ou até ao descaso por parte daqueles a quem um dia proporcionamos cuidado. Em certas circunstâncias, a sociedade e as famílias se afastam daqueles que mais necessitam de apoio, num momento em que deveriam retribuir dentro de padrões civilizatórios mínimos, com reaprendizado e presença firme, no dia a dia dessas pessoas.

> *"inerentes a cada indivíduo, não à velhice, pois assim como o vinho, o caráter não azeda necessariamente com a idade."*
>
> *Texto atribuído a Cícero, filósofo grego*

A transição para a terceira idade é acompanhada por mudanças físicas e mentais que exigem atenção e cuidados adequados a essa nova realidade. A fase que denomino de envelhe-Ser traz consigo o desafio de abraçar transformações naturais, encarando-as, não como obstáculos, mas como parte intrínseca da jornada humana. É possível, porém, que obstáculos de ordem financeira, como a perda significativa da renda, que falaremos mais adiante, interfira nesse processo. A questão de gênero e raça são também importantes aspectos dessa etapa.

O processo de envelhecimento é constante e marcado por alterações fisiológicas significativas. A partir dos 50 e 60 anos, essas mudanças ganham contornos mais evidentes, especialmente no que tange à produção hormonal. A diminuição anual de 1% na testosterona a partir dos 30 anos, e o declínio de cerca de 35% na produção de estrogênio, durante a transição para a menopausa são transformações que reverberam no humor, no sono e na saúde óssea e cardiovascular.

É verdade que, por vezes, tais mudanças como a incontinência urinária, afetando ambos os sexos, podem impactar profundamente a autoestima. No entanto, é essencial libertar-se do peso do preconceito e encarar essas dificuldades de frente, buscando apoio onde for necessário. A empatia e a atenção dos amigos são vitais nesse processo, podendo até mesmo ajudar a evitar constrangimentos.

Além dos aspectos físicos, o envelhecimento também implica transformações cerebrais. A diminuição na produção de neurotransmissores, como a serotonina, pode influenciar a cognição. A dopamina, segundo estudos, tem sua produção reduzida em 10% a cada década após os 30 anos. Essas alterações podem afetar a memória, embora pesquisas afirmem que o cérebro mantém a capacidade de adaptação, formando novas conexões neurais ao longo da vida, especialmente quando estimulado por atividades cognitivas e físicas. Essas informações médicas, longe de serem meros bordões, são aspectos cruciais para se compreender o envelhecimento como um processo natural e contínuo. A relevância desse conhecimento se torna ainda mais clara quando abordamos as violências praticadas contra idosos, que incidem diretamente na saúde e no bem-estar dessa população.

Este panorama delineia não apenas os contornos naturais do envelhecimento como sublinha a importância de uma abordagem respeitosa e digna para com a terceira idade, garantindo que seus direitos sejam intransigentemente protegidos.

Por fim, é importante ressaltar a questão do testamento vital, um documento que assegura o princípio da dignidade humana e permite que uma pessoa estabeleça antecipadamente quais tratamentos médicos deseja ou não receber em situações críticas, como doenças terminais ou estados de inconsciência. Trata-se de um direito individual essencial, que deve ser respeitado, independentemente das circunstâncias físicas ou mentais do cidadão idoso em questão.

Não deixe nada pra depois
Não deixe o tempo passar
Não deixe nada pra semana que vem
Porque semana que vem pode nem chegar

Semana Que Vem, Pitty

3. Ecos de 68: Legado e Inovação na Terceira Idade

A geração de 68 exerceu uma influência significativa em minha trajetória de vida, marcada pela luta contra a opressão e a busca incessante por liberdade durante o período árduo da ditadura civil-militar no Brasil. A defesa intransigente da liberdade de expressão, da igualdade de direitos e da justiça social moldou-se nas práticas e ideologias de uma juventude inspirada pelos movimentos sociais norte-americanos e pela onda de contestações estudantis e operárias na Europa e América Latina.

Por 21 anos, essa luta enfrentou a repressão no Brasil, e deixou um legado que atravessou gerações, influenciando desde as campanhas pela Anistia até o movimento Diretas Já, culminando no processo de redemocratização. Essa herança ainda palpita nas políticas públicas atuais, na cultura e no âmago do modo de vida brasileiro.

Hoje, essa inquietação se manifesta na vida de idosos que, diretamente influenciados ou não por essa geração, carregam consigo o desejo por mudanças e novidades. Contudo, emerge a pergunta: essa inquietação perdurará nas futuras gerações? Como as novas tecnologias e a inteligência artificial irão influenciar os jovens de hoje, que serão os idosos de amanhã?

Não há dúvidas de que as tecnologias trouxeram inegáveis avanços para a humanidade. No entanto, estudos indicam que, nas próximas duas décadas, os efeitos adversos na vida das pessoas podem ser substanciais, desde o crescimento do desemprego, por conta da automação, até questões como o declínio na qualidade de vida pela dependência de dispositivos eletrônicos, o surgimento de armas autônomas e o uso indevido de dados pessoais, potencializando a vigilância estatal e a erosão da privacidade.

Mesmo com esses desafios, as tecnologias têm o potencial de ser grandes aliadas dos idosos. A presença marcante de idosos no TikTok, produzindo conteúdo e compartilhando suas rotinas, é um testemunho das transformações que discuto: a vida não cessa de evoluir com a terceira idade! Não se pode, jamais, relegar o idoso à condição de coisa sem valor. As rugas e cabelos brancos, os passos vagarosos são marcas de uma vida que merece ser acolhida e celebrada pelo coletivo.

Ainda que o futuro ofereça incógnitas trazidas pelas tecnologias emergentes, cabe-nos assegurar que a dignidade e o respeito pelas pessoas da terceira idade sejam premissas inalteráveis, construindo um amanhã que honre o passado e acolha cada fase da existência humana com a reverência que merece.

Vem, vamos embora
Que esperar não é saber
Quem sabe faz a hora
Não espera acontecer

Pra Não Dizer Que Não Falei das Flores, Geraldo Vandré

Um dos mais importantes artistas do nosso tempo, Otelo foi ator, comediante, cantor e produtor musical. Entre suas obras, destaca-se a atuação em Macunaíma, em 1969, aos 54 anos. Morreu aos 78 anos de idade, em plena atividade, quando chegava em Paris, na França, a trabalho.

4. Visibilidade e Valor: A Luta Continuada pela Justiça na Terceira Idade

O reconhecimento do valor das pessoas idosas pela sociedade é uma questão de justiça fundamental, em especial no que tange às mulheres que, historicamente, enfrentaram e ainda enfrentam obstáculos adicionais devido ao gênero. Mulheres que vieram ao mundo nas décadas de 1940 e 1950 viveram realidades onde as expectativas de vida eram restritas, limitando aspirações profissionais e acadêmicas, devido ao estigma do casamento e maternidade como destinos.

No decorrer dos anos, com a abertura de oportunidades, incluindo a disponibilização de creches e berçários, algumas mulheres conseguiram quebrar essas barreiras. No entanto, ainda hoje, a luta pela igualdade de direitos e oportunidades persiste em uma sociedade que frequentemente sobrevaloriza a juventude e relega a experiência a segundo plano. Uma parte importante desse embate foi capitaneado pelo movimento de mulheres, cujas conquistas merecem nosso respeito e valorização.

Muitas dessas mulheres, agora na terceira idade, se veem confrontadas com a invisibilidade e a exclusão em diversos contextos sociais — da fila do banco a eventos importantes, por exemplo — simplesmente por serem idosas. Essa realidade propicia um tipo de "sepultamento em vida".

A infantilização das pessoas idosas, a tendência de tratá-las de forma diminutiva e até de as coisificar, é um reflexo dessa injustiça. A personalidade e a história de cada indivíduo são minimizadas, assim como sua capacidade de contribuição, deixando uma marca dolorosa de desvalorização.

É necessário que a sociedade desperte para uma mudança de paradigma que envolva respeito, valorização e integração das pessoas idosas, reconhecendo sua sabedoria e a riqueza de suas vivências. A luta por igualdade não deve diminuir com o avanço da idade; pelo contrário, deve ser amplificada para garantir que cada pessoa, independentemente da idade, seja vista, ouvida e valorizada plenamente.

"Quando eu entro numa casa e vou ao banheiro e vejo uma barra no box do chuveiro, me emociono. Pois sei que aquela casa é de um filho que cuidou do seu pai na velhice. Que espalhou braços por toda a casa; que mudou a sua casa para atender aos velhos. Que mudou a sua vida para conseguir acolhê-los. Feliz o filho que se despede um pouco por dia. E triste do filho que só se despede no enterro, com tudo engasgado na garganta".

Fabrício Carpinejar

Nascida em 1941, é uma destacada filósofa e professora emérita da USP, além de uma das fundadoras do Partido dos Trabalhadores. Suas obras, como Convite à Filosofia, abordam filosofia política, democracia e sociedade brasileira, com ênfase em Spinoza. Ela é uma crítica do neoliberalismo e defensora da educação crítica e emancipadora. Chauí participa ativamente de movimentos sociais e debates públicos, influenciando a discussão sobre justiça social no Brasil.

5. A Valorização da Maturidade: Repensando o Ser na Sociedade Moderna

A velhice deve ser reconhecida como uma fase tão primordial da existência quanto qualquer outra, um capítulo valioso na fantástica narrativa que é a vida. É um tempo para a realização de sonhos e para a celebração diária da jornada humana. Assim como a juventude e a maturidade, a terceira idade tem suas características e necessidades, que necessitam não só de reconhecimento, mas da devida valorização — como, por exemplo, a adaptação dos espaços.

É essencial que a cidade seja um lugar onde o idoso possa se locomover e interagir, que a casa seja um recanto de aconchego e felicidade, e não somente um local de cuidados físicos. Pequenas adaptações, como barras de segurança nos banheiros, a remoção de tapetes que possam causar tropeços e a instalação de corrimãos, são providências simples que fazem uma diferença substancial na qualidade de vida dos idosos. Esses ajustes não são concessões à fragilidade, mas sim afirmações da vontade de viver com dignidade e independência.

A mobilidade, em particular, é um aspecto crucial. As consequências de um acidente podem ser amplificadas pela idade avançada, e prevenir tais ocorrências é parte integral do cuidado e um direito. Cada decisão de adaptação, grande ou pequena, depende das escolhas individuais, seja pela própria pessoa, por conselhos de amigos ou recomendações médicas. Ações que antes pareciam automáticas, como o simples ato de se levantar de uma cadeira, devem ser realizados com atenção e, se necessário, com orientação.

IV — atendimento domiciliar, incluindo a internação, para a população que dele necessitar e esteja impossibilitada de se locomover, inclusive para as pessoas idosas abrigadas e acolhidas por instituições públicas, filantrópicas ou sem fins lucrativos e eventualmente conveniadas com o poder público, nos meios urbano e rural; (Redação dada pela Lei nº 14.423, de 2022)

V — reabilitação orientada pela geriatria e gerontologia, para redução das sequelas decorrentes do agravo da saúde.

§ 2º Incumbe ao poder público fornecer às pessoas idosas, gratuitamente, medicamentos, especialmente os de uso continuado, assim como próteses, órteses e outros recursos relativos ao tratamento, habilitação ou reabilitação. (Redação dada pela Lei nº 14.423, de 2022).

§ 5º É vedado exigir o comparecimento da pessoa idosa enferma perante os órgãos públicos, hipótese na qual será admitido o seguinte procedimento.

Um artigo publicado pela revista de Estudos e Pesquisas em Psicologia da UERJ, intitulado "Da velhice estigmatizada à dignidade na existência madura: novas perspectivas do envelhecer na contemporaneidade" mostra que embora haja uma perspectiva mais positiva em relação ao idoso, nos dias de hoje, se comparado com anos atrás, ainda que sem a mesma intensidade permanece uma visão social do idoso como um sujeito improdutivo e desvalorizado.

A obsessão cultural pela juventude, estimulada pela primazia estética de uma sociedade com traços narcisistas, coloca o envelhecimento sob uma luz negativa. Este viés é alimentado pelo ideal de um corpo perfeito e pela exigência de produtividade constante, reforçados pelo mito de uma juventude perpetuada artificialmente pela indústria cosmética. Assim, envelhecer torna-se um processo indesejado, quase um tabu, frequentemente atrelado ao temor da morte e à negação de tudo o que ela representa. A rejeição aos sinais naturais da velhice é, em grande medida, produto de uma visão distorcida que prioriza a aparência em detrimento da experiência e da sabedoria acumulada.

A sociedade moderna, com suas demandas e padrões, promove uma saturação existencial em que muitos se veem proferindo "Eu não aguento mais" em face de uma vida marcada pela precarização e consumida por uma lógica capitalista implacável.

Este contexto desafia-nos a repensar nossos valores e a forma como estruturamos a vida em sociedade. É crucial que questionemos as engrenagens que nos levam a depreciar fases da vida tão ricas quanto a maturidade e a velhice. Deve-se aspirar a uma cultura que respeite todas as etapas da vida, promovendo a dignidade e a valorização do indivíduo em todas as suas idades. Só assim é possível começar a desenhar caminhos para uma existência mais equânime e menos asfixiada pelos padrões de valor que distorcem as realidades do envelhecer.

"Virei um animal solitário mesmo. Leio, vejo série, fico em silêncio. Meu celular não toca mais. Fui afunilando as minhas amizades frequentes, os encontros, fui ficando sozinha e descobri que o trabalho era a minha vida social. Voltar para casa era minha hora de ficar sozinha".

Marília Gabriela

LAERTE

Nascida em 1951, é uma renomada cartunista e roteirista brasileira, conhecida por suas tiras "Piratas do Tietê" e "Overman". Em 2010, assumiu-se publicamente como mulher trans, um marco documentado no filme Laerte-se de 2017. Além do trabalho artístico, militou no Partido Comunista durante a ditadura militar e fundou a editora Oboré. Laerte é uma figura importante na luta por direitos LGBTQIA+ e usa suas obras para abordar questões de gênero e identidade.

6. Além do Tempo: Humanidade e Dignidade no Envelhecimento

Ao reconhecer e internalizar que o envelhecimento é uma etapa natural da existência, as pessoas idosas desenvolvem maior consciência de suas vivências e afinam-se com o que denomino envelheSer — especialmente quando desfrutam de saúde mental e física robusta. Esta compreensão pode redefinir a terceira idade, não como um período de declínio, mas como um tempo rico em experiências acumuladas, crescimento pessoal e novas liberdades. É a cereja do bolo!

Estudos respaldam essa visão positiva. Por exemplo, uma pesquisa de 2019 na "JAMA Internal Medicine" revelou que 77% dos norte-americanos com mais de 65 anos mantêm independência nas atividades cotidianas essenciais. De forma similar, uma publicação de 2018 no periódico The Gerontologist indicou que 74% dos franceses acima de 60 anos gozavam de autonomia nas tarefas diárias básicas. Esses achados apontam para uma considerável parcela de idosos que vivem de maneira autossuficiente.

Paralelamente, dados da Pesquisa Nacional por Amostra de Domicílios Contínua (Pnad) do IBGE traçam um panorama do envelhecimento no Brasil. Na última década, observou-se um incremento na população idosa, com o percentual de pessoas com 60 anos ou mais crescendo de 11,3% para 15,1% da população total. A longevidade feminina é particularmente notável, com um contingente maior de mulheres do que homens nesta faixa etária. Ademais, constatou-se que 41,8% dos idosos residiam sozinhos, e muitos desses lares são habitados por mulheres.

> § 6º É assegurado à pessoa idosa enferma o atendimento domiciliar pela perícia médica do Instituto Nacional do Seguro Social (INSS), pelo serviço público de saúde ou pelo serviço privado de saúde, contratado ou conveniado, que integre o SUS, para expedição do laudo de saúde necessário ao exercício de seus direitos sociais e de isenção tributária.
> (Redação dada pela Lei nº 14.423, de 2022).

Os percalços do envelhecimento vão além do físico, tocando esferas intimamente ligadas à autoestima e ao bem-estar psicoemocional dos idosos, preenchido com tabus e preconceitos. Um dos aspectos mais sensíveis é a relação com a própria sexualidade, que frequentemente é negligenciada ou mal interpretada pela sociedade. Esse descuido pode resultar em sintomas e crises que afetam profundamente a qualidade de vida na terceira idade.

A literatura médica oferece insights valiosos sobre a evolução da sexualidade com a idade. É relatado, por exemplo, que há casos de aumento do desejo sexual em pessoas mais velhas, em particular entre mulheres que, durante casamentos repressivos, não vivenciaram plenamente a sexualidade. Na maturidade, essas mulheres podem experimentar uma redescoberta do prazer que anteriormente lhes era vedado.

Os processos sublimatórios, que envolvem a canalização da energia sexual para outras atividades, também são expressivos, especialmente no universo feminino. No entanto, os homens idosos enfrentam desafios distintos, muitas vezes marcados pela experiência da perda de potência sexual. Tal mudança pode desencadear efeitos comportamentais significativos, ora marcados por uma profunda reestruturação da autoimagem e da autoestima.

Essa complexidade da vivência sexual na terceira idade exige uma abordagem mais humana e menos preconceituosa, incluindo suporte e compreensão por parte dos profissionais de saúde, da família e da sociedade em geral. Abordar abertamente a sexualidade dos idosos, reconhecendo-a como componente vital da identidade e do desejo de intimidade, é fundamental para promover uma velhice saudável e digna.

A realidade de integrantes da comunidade LGBTQIA+ da minha geração foi profundamente impactada pela epidemia de Aids nas décadas de 1980 e 1990. Essa tragédia sanitária ceifou vidas prematuramente, privando incontáveis amigos da oportunidade de experienciar a totalidade da vida e o florescimento na terceira idade. A dor da perda, para muitos homossexuais que viram seus entes queridos sucumbirem à doença, ecoa com efeitos duradouros e transformadores.

Hoje, a expressão da sexualidade por idosos tornou-se mais visível, no entanto, a homossexualidade nesse estágio da vida ainda enfrenta obstáculos significativos, sustentados por um silêncio social quase tangível. Embora tenhamos testemunhado avanços na aceitação e nos direitos LGBTQIA+, o estigma que circunda a sexualidade dos mais velhos é particularmente desafiador para aqueles que se identificam como gays. A carência de informação adequada e o déficit de conversas abertas sobre o tema perpetuam a invisibilidade e o isolamento. Essa dinâmica social negativa impõe barreiras à expressão sincera de suas identidades, especialmente junto a familiares e entes próximos, o que infelizmente pode limitar a plenitude de suas vivências e reforçar as cadeias da discriminação.

Simone de Beauvoir, em sua obra seminal A Velhice (1970), declara que "estamos instalados na velhice", lançando luz sobre a estagnação da sociedade em renovar sua percepção acerca deste período da existência. Esta projeção evidencia um estigma que parece inquebrantável: a persistência de uma sociedade que, inalterada em sua essência, segue subjugando seus idosos. E essa discussão se aplica ao considerarmos a dimensão urbana da velhice, examinada sob um viés de classe, e sem esquecer dos idosos invisibilizados nas periferias e no vasto interior do país.

O idoso no campo

Já a experiência de envelhecer no campo é uma faceta distinta, imbuída de desafios e particularidades que brotam da vida rural. Para os homens do campo, frequentemente essa etapa da vida está atrelada à

Uma das mais importantes escritoras e filósofas da história, De Beauvoir influenciou gerações sobre o feminismo, a participação feminina nos espaços de poder e escreveu obras célebres sobre aquilo que a inquietava, o envelhecimento, como em "A morte suave" e em "A Cerimônia do Adeus", aos 73 anos. Simone de Beauvoir morreu em 14 de abril de 1986, aos 78 anos.

administração da terra e ao envolvimento com as cooperativas agrícolas. Para as mulheres, embora persistam os papéis tradicionais de cuidado familiar e gestão do lar, observa-se uma participação crescente e diversificada, englobando desde o trabalho com o gado até a supervisão técnica das lavouras.

Dados da Organização das Nações Unidas para Alimentação e Agricultura — FAO destacam a contribuição inestimável das mulheres rurais na América Latina: cerca de 60 milhões delas desempenham um papel crucial na produção de alimentos, sendo responsáveis por 60% a 80% da comida produzida na região. Sua participação não se restringe apenas ao trabalho agrícola, mas se estende à luta social pela terra, evidenciando a intersecção entre gênero e a questão agrária.

Todavia, a carência de serviços especializados nas áreas rurais é um entrave significativo, limitando o acesso a cuidados de saúde adequados e ao diagnóstico preciso de enfermidades ligadas ao árduo trabalho no campo, um fator que impacta diretamente a qualidade de vida dos idosos. Esse cenário ressalta a necessidade premente de políticas públicas que enderecem as demandas específicas dos idosos rurais, buscando não apenas a melhoria de sua saúde e bem-estar, mas também a valorização de suas contribuições à sociedade.

O idoso na rua

A situação dos idosos em condição de rua representa um dos aspectos mais alarmantes da vulnerabilidade social. Expostos a riscos multifacetados — como as inclemências do clima, a fome, a violência urbana e uma invisibilidade social quase tangível —, esses cidadãos enfrentam um cotidiano de privações e desafios que evidenciam uma grave lacuna no tecido assistencial da sociedade.

O crescente número de idosos vivendo nas ruas acende um sinal de alerta sobre a insuficiência dos serviços públicos atuais, muitas vezes despreparados para abrigar e atender a essa demanda em expansão. Há relatos chocantes de mulheres em situação de rua às quais foi negada assistência médica básica devido à sua falta de higiene pessoal, uma situação que sublinha o despreparo no atendimento humanizado e a deficiência estrutural no sistema de saúde e assistência social.

Esses idosos, muitas vezes relegados aos cantos das cidades, são subjugados a um assistencialismo pontual, que se limita à distribuição esporádica de alimentos e roupas, sem reconhecer as necessidades especiais e contínuas que o envelhecimento apresenta. Os episódios horríveis em que moradores de rua foram vítimas de ataques brutais, tendo sido inclusive incendiados, são a face mais monstruosa dessa realidade.

Embora em centros urbanos como São Paulo existam equipamentos e centros de assistência dedicados à população idosa, a oferta ainda é insuficiente, sobretudo no que tange à população idosa em situação de rua, cujas demandas por cuidados de saúde física, mental e emocional são mais complexas e exigem um olhar amplo e políticas públicas específicas e assertivas.

Imaginar a vida na rua já é difícil, mas associá-la às adversidades do envelhecimento, às incertezas e inseguranças que acompanham essa fase da vida, demanda uma resposta imediata e eficaz por parte do poder público e da sociedade. É urgente que sejam desenvolvidas políticas que não somente amparem temporariamente, mas que ofereçam soluções duradouras e humanizadas, garantindo dignidade e proteção integral aos idosos que se encontram em tal situação de extrema vulnerabilidade.

Há uma necessidade premente dos órgãos públicos desenvolverem um sistema integrado de atenção à saúde, educação, transporte e demais serviços voltados para a terceira idade. Trata-se de uma questão de extrema relevância na discussão sobre o envelhecimento e o bem-estar dessa faixa etária. À medida que a população idosa cresce, a demanda por serviços especializados e acessíveis também aumenta exponencialmente.

Um sistema integrado, que considere as necessidades únicas desse grupo demográfico, é vital para garantir que os idosos desfrutem de uma vida digna e que sejam capazes de envelhecer com saúde e autonomia. Não basta uma academia ao ar livre, por exemplo, sem que os equipamentos funcionem, ou sem que haja calçamento adequado para que esse idoso o acesse em segurança. Não basta uma Unidade Básica de Saúde (UBS) prestar um serviço com qualidade, sem que haja uma busca ativa ao idoso, que consiste em ir a procura de indivíduos e identificá-los junto à rede de atenção à saúde; se ele tem tomado os remédios na frequência correta; se há acompanhamento familiar; ou mesmo se ele tem tomado banho, por exemplo.

O transporte, por sua vez, desempenha um outro papel fundamental nessa independência, permitindo-lhes acessar serviços de saúde, lazer e interações sociais. Um sistema de transporte adaptado às necessidades dos idosos, com acessibilidade e horários convenientes, é crucial para evitar o isolamento social. Um motorista treinado e que seja gentil, ao descer a rampa de embarque, ou mesmo que solucione dúvidas sobre como e onde descer é uma questão de cidadania e humanidade.

A integração dos serviços públicos, portanto, não apenas traria uma melhoria de vida: aliviaria a carga sobre as famílias, que muitas vezes são obrigadas a desempenhar um papel de cuidadores não remunerados. Além disso, ao investir em um sistema integrado de atenção ao idoso, as autoridades públicas podem economizar recursos a longo prazo, uma vez que a prevenção de doenças e o apoio à saúde podem reduzir os custos com cuidados de saúde mais caros.

Portanto, o desenvolvimento de uma integração com inteligência de atenção à saúde, educação, transporte e a desburocratização de outros serviços para idosos não é apenas uma questão humanitária, mas também uma medida inteligente e economicamente eficiente para enfrentar os desafios do envelhecimento populacional e garantir que todos os cidadãos possam desfrutar de uma vida saudável e produtiva na terceira idade.

Neste sentido, a criação de um orçamento específico para o desenvolvimento de políticas públicas voltadas para os idosos é urgente. À medida que a população idosa aumenta, é imperativo que haja um compromisso financeiro por parte do governo. Um orçamento específico reflete o comprometimento do Estado brasileiro em promover o bem-estar dos idosos e reconhece que as políticas públicas para esse grupo não podem ser uma reflexão tardia ou subfinanciada.

Um orçamento direcionado permite a alocação adequada de recursos para áreas como saúde, cuidados de longo prazo, habitação acessível, como por exemplo a Vila dos Idosos, uma experiência que já existe e possui modelos que são expoentes, como no caso da Paraíba.

O orçamento próprio para os idosos é tanto um investimento no bem-estar de uma parte importante da sociedade quanto uma medida econômica sábia pois aliviará a pressão sobre sistemas de saúde e assistência social. Quem sabe a abertura de linhas de crédito para cooperativas exclusivamente para idosos, com alimento produzido por e para eles; linhas de crédito para estudos, desde a compra de material escolar, para idosos mais pobres, a realização de programas universitários internacionais, enfim.

A criação de um orçamento dedicado às políticas para idosos, assim, não é apenas uma manifestação de comprometimento moral: é uma estratégia eficaz no enfrentamento dos desafios do envelhecimento populacional de maneira sustentável, garantindo que a terceira idade seja uma fase da vida repleta de oportunidades e respeito.

> §1° A garantia de prioridade compreende: I — atendimento preferencial imediato e individualizado junto aos órgãos públicos e privados prestadores de serviços à população; (determinação presente no Estatuto do Idoso, redação dada pela Lei nº 14.423, de 2022)

> § 1o A assistência integral na modalidade de entidade de longa permanência será prestada quando verificada inexistência de grupo familiar, casa-lar, abandono ou carência de recursos financeiros próprios ou da família.

Aqui, faço um registro muito oportuno, pois, as Instituições de Longa Permanência para Idosos (ILPIs), sejam governamentais ou não, desempenham um papel crucial na ressignificação do tratamento dispensado aos idosos em situação de vulnerabilidade social. Além de oferecerem abrigo e cuidados básicos, tais instituições buscam proporcionar um ambiente seguro na promoção da dignidade e bem-estar com assistência integral e personalizada. Mas afinal, quem consegue acessar tais esses equipamentos, cujo número de vagas está distante da demanda, numa situação que piora a cada década, com o amento de idosos em nosso país? Trata-se, assim, de um enorme desafio que os governantes devem assumir o mais rápido possível, sem que haja o risco de termos ainda mais idosos enfermos e desassistidos nas ruas das nossas cidades.

Uma das maiores escritoras brasileiras do século XX, Raquel de Queiroz foi jornalista, tradutora, cronista e importante dramaturga brasileira, sendo a única mulher a integrar o movimento modernista brasileiro e a primeira a ser eleita para a Academia Brasileira de Letras. Publicou o seu último romance, Memorial de Maria Moura, uma das mais importantes obras do seu catálogo, aos 82 anos de idade. Raquel morreu em 4 de novembro de 2003, aos 93 anos.

7. Pandemia e Perspectivas: A Resistência da Terceira Idade

Então, a pandemia de Covid-19 se abateu sobre o mundo. Um evento de escala e consequências sem precedentes na história recente que teve início em dezembro de 2019 com a identificação de um novo coronavírus em Wuhan, na China. Esta doença, a Covid-19, propagou-se com uma velocidade assombrosa, precipitando uma crise de saúde pública global e obrigando nações a adotarem medidas extremas de contenção, tais como lockdowns e o fechamento de fronteiras.

As ramificações foram profundas e amplas: milhões perderam a vida, sistemas de saúde foram levados ao limite e a economia mundial sofreu um impacto severo. Esta pandemia remodelou radicalmente os pilares da vida cotidiana, alterando drasticamente o modo como as pessoas trabalham, interagem e mantêm o tecido social unido. A vida, tal como conhecíamos, foi transformada, trazendo à tona a vulnerabilidade humana e a interconexão global.

A pandemia de COVID-19 impôs à humanidade uma abrupta confrontação com a própria finitude, ressaltando a impermanência da vida e reconfigurando as relações interpessoais. Essa crise sanitária, sem precedentes em nossa era, ceifou mais de 700 mil vidas no Brasil, sendo a população idosa desproporcionalmente afetada, constituindo mais de 60% das vítimas fatais. "Fique em casa" ressoou de maneira complexa para os idosos, muitos dos quais encontravam sentido de comunidade e pertencimento não em suas residências, mas nos centros de convivência.

A pandemia exacerbou o isolamento social, particularmente agudo entre os idosos, acentuando um dos aspectos mais difíceis do envelhecimento. Contudo, mesmo diante desse quadro de solidão, é possível reconhecer nuances onde alguns idosos redescobriram aspectos de si mesmos, adquirindo maior clareza sobre suas necessidades emocionais.

Não se pode de forma alguma romantizar a gravidade da pandemia, especialmente nos momentos em que as vacinas ainda não existiam e as respostas do governo eram insuficientes. Os relatos de profissionais de saúde recorrendo a sacos de lixo como equipamento de proteção e de familiares dependendo da intermediação de dispositivos móveis de funcionários hospitalares para comunicação são marcantes e dolorosos.

No entanto, não se trata, como foi naquele tempo de pandemia, uma questão limitada apenas à questão estética. A reação da sociedade é muito violenta quando a mulher assume os seus fios brancos. O preconceito contra quem opta por assumir tal aparência é a mais brutal manifestação da pressão social por padrões estéticos irreais, para não dizer surreais, e, sexistas.

Trata-se de uma visão profundamente injusta, ao passo que a escolha por deixar os cabelos brancos é um ato de empoderamento pessoal, uma afirmação de autenticidade, além de uma rejeição às normas de beleza impostas pela sociedade. Lembro-me quando, dia desses, ao realizar o despacho das bagagens no guiché da companhia aérea, o jovem rapaz que me atendia perguntou se precisava de acompanhante até a aeronave e ou, uma cadeira de rodas. Percebi naquele instante que a força do preconceito contra "as cabeças brancas", já profundamente enraizado até mesmo nas normais condicionais da prestação de serviço, é o que dita as regras. Após negar o suporte, muitas vezes oportuno e necessário para quem realmente precisa, caminhei no meu tempo e do meu jeito até o embarque.

Curiosamente, a campanha de vacinação trouxe um inesperado sentimento de inclusão para muitos idosos, que se viram entre os primeiros a serem imunizados. Este fato, paradoxalmente, pode ter gerado um sentimento de valorização e cuidado por parte da sociedade, sublinhando a sua importância e o respeito que lhes é devido.

A pandemia de COVID-19 exacerbou desafios preexistentes relativos à saúde física e mental dos idosos, intensificando a complexidade do cuidado e da preservação da qualidade de vida nesta fase. O isolamento social, adotado como medida preventiva contra o vírus, gerou repercussões profundas no bem-estar psicológico da população idosa, ampliando a incidência de condições como depressão e ansiedade e acelerando, em alguns casos, o progresso de doenças neurodegenerativas como a demência.

Este é o momento de abordar um assunto extremamente delicado e de importância capital: a violência contra os idosos. Além do abuso financeiro, existem múltiplas facetas da violência que afligem os mais velhos, incluindo abuso físico, emocional e negligência. É fundamental reconhecer e abordar essas questões, garantindo que a sociedade, as instituições e as famílias estejam equipadas e sensibilizadas para identificar e combater todas as formas de violência contra o idoso, assegurando o respeito, a proteção e a dignidade que eles merecem.

Uma das questões mais dolorosas que a velhice também nos apresenta é a interdição do idoso, uma delicada e complexa preocupação que afeta inúmeras famílias. Quando necessária, envolve a nomeação de um curador para tomar decisões legais em nome de um idoso incapaz, uma vez que o objetivo é proteger a pessoa idosa quando não há mais condições de tomar decisões significativas por conta própria. Isso ocorre em situações de demência avançada, doença mental grave ou deterioração física que afeta seriamente a capacidade cognitiva.

A interdição deve ser aplicada com cuidado e sempre com foco no melhor interesse do idoso, evitando quaisquer formas de abuso ou exploração. A decisão pode gerar tensões e conflitos familiares, pois incide na necessidade de nomear a pessoa mais adequada para essa função. Além disso, em casos extremos, a interdição do idoso pode abrir margem para ocorrência de abuso financeiro por parte de curadores inescrupulosos, tendo em vista que a aposentadoria ou pensão, em grande parte, serve para a manutenção do idoso e da própria família. É fundamental que seja estabelecido um sistema de supervisão eficaz na garantia de uma interdição, se for o caso, respeitando os limites éticos e legais, de maneira justa e que garanta a proteção do idoso mais vulnerável.

Art. 15. § 1º A prevenção e a manutenção da saúde da pessoa idosa serão efetivadas por meio de: (determinação presente no Estatuto do Idoso Redação dada pela Lei nº 14.423, de 2022). I — cadastramento da população idosa em base territorial; II — atendimento geriátrico e gerontológico em ambulatórios; III — unidades geriátricas de referência, com pessoal especializado nas áreas de geriatria e gerontologia social;

8. Pequenas violências travestidas de amor

No Brasil, a realidade dos idosos em relação à violência é alarmante, com incidências que vão desde agressões emocionais e físicas até exploração financeira e negligência, muitas vezes perpetradas por pessoas próximas a eles, como familiares e cuidadores. No dia a dia, esses atos de violência podem parecer menores ou até mesmo passar despercebidos, naturalizados em interações cotidianas que, no entanto, carregam grande peso e significado.

Pequenos gestos, como referir-se aos pais de forma impessoal ou com falta de carinho, comportamentos irritados ou até mesmo deboche sobre a idade podem ser tão nocivos quanto qualquer outra forma de agressão mais evidente. Comentários do tipo "nossa, você nem parece ter 60 anos" ou a infantilização de elogios sobre a vaidade de um idoso refletem uma cultura que exalta a juventude e relega a velhice a um lugar de desvalorização.

Esses preconceitos enraizados contribuem para um padrão de tratamento dos idosos que é muitas vezes destituído de amor, empatia e respeito pelas suas limitações naturais. A falta de sensibilidade e a crença cultural de que o idoso é um ser dispensável são reflexos de uma sociedade que não reconhece o valor e a dignidade inerentes à terceira idade.

É necessário promover uma mudança de perspectiva, valorizando o idoso como um membro integral e ativo da sociedade. O respeito e a valorização da vida em todas as suas fases são fundamentais para combater a violência e o preconceito, criando um ambiente onde o idoso possa viver sem o medo de ser «mofado», desfigurado ou desvalorizado. O compromisso com a dignidade da pessoa da terceira idade deve ser um esforço coletivo, em que cada gesto, palavra e ação reflitam a consciência de que o envelhecimento é uma parte honrosa da jornada humana.

Os avanços proporcionados pelo Estatuto do Idoso, implementado em 2003, representam um marco importante na luta pelos direitos da população idosa no Brasil. No entanto, há um reconhecimento necessário de que o país ainda carrega uma dívida histórica com esses cidadãos, e para nos livrarmos dela é crucial não apenas para a valorização dessa faixa etária, mas também para a integralidade da nossa democracia. Afinal, os direitos dos idosos impactam toda a sociedade, que, inexoravelmente, é composta por indivíduos que envelhecerão.

A ideia de uma conferência internacional dedicada às questões do envelhecimento surge, assim, como uma proposta valiosa para a discussão ampla e profunda de políticas públicas eficazes. Campanhas de conscientização sobre abusos e ações para tipificar e combater violências — muitas delas infelizmente normalizadas — contra os idosos são medidas essenciais.

Da mesma forma, a sociedade civil organizada tem um papel fundamental na formação de redes de apoio solidárias, que escutem e atendam às necessidades desse segmento expressivo da população. Assegurar ao idoso as condições para sua autoafirmação significa garantir seus direitos de cidadania e pertencimento social. A falta dessas garantias pode gerar um sentimento corrosivo de exclusão, com consequências prejudiciais.

O respeito ao idoso reflete o grau de evolução de uma coletividade. Conceitos e valores antiquados que relegam os mais velhos a uma existência desumana são incompatíveis com uma sociedade que busca a inclusão e o respeito à diversidade. Os idosos de hoje são agentes ativos, com voz e demandas específicas, clamando por políticas públicas que atendam às suas necessidades e que contemplem seus projetos de vida.

A velhice deve ser encarada não como um epílogo, mas um novo capítulo, repleto de possibilidades e oportunidades, no qual se reconheça o direito dos idosos de terem projetos de vida próprios, que transcendam os papéis tradicionais a eles impostos, permitindo-lhes viver em plenitude, com dignidade e autonomia. A sociedade deve evoluir para abraçar integralmente a velhice, redefinindo-a como uma etapa de continuidade e realização.

A casa de um idoso é um retrato vivo de sua jornada — cada móvel, livro ou quadro é um fragmento de sua história pessoal. Modificar abruptamente esse cenário familiar pode ser uma violência, capaz de desestabilizar profundamente alguém na terceira idade. Parece um detalhe, mas rearranjar o espaço onde um idoso passou anos construindo memórias, sem o seu consentimento ou diálogo, pode significar uma forma de abuso silencioso.

Para os idosos, cada elemento do lar tem seu lugar e significado, e uma mudança não consensual nesse ambiente pode ser sentida como uma perda de controle sobre o próprio mundo. A tarefa de filhos, cuidadores e da rede de apoio é, portanto, a de assegurar que o espaço residencial do idoso seja preservado como uma extensão de seu ser, mantendo a integridade de seu lar conforme o conhecem e amam.

Respeitar as preferências estéticas e as decisões dos idosos sobre seus lares é um reconhecimento de sua autonomia e individualidade. É criar um ambiente que respire a identidade de quem ali vive, que promova conforto e segurança.

É primordial, ainda, que as decisões sobre o espaço de um idoso sejam tomadas com sua participação ativa, assegurando que qualquer alteração seja reflexo de suas vontades e necessidades. A dignidade de um idoso está intrinsecamente ligada à preservação de seu espaço como um santuário pessoal, um lugar onde possa se sentir plenamente vestido pela sua história, suas escolhas e suas memórias.

Art. 19. Os casos de suspeita ou confirmação de violência praticada contra pessoas idosas serão objeto de notificação compulsória pelos serviços de saúde públicos e privados à autoridade sanitária, bem como serão obrigatoriamente comunicados por eles a quaisquer dos seguintes órgãos: (Redação dada pela Lei nº 14.423, de 2022). I — autoridade policial; II — Ministério Público; III — Conselho Municipal da Pessoa Idosa; (Redação dada pela Lei nº 14.423, de 2022) IV — Conselho Estadual da Pessoa Idosa; (Redação

dada pela Lei nº 14.423, de 2022) V — Conselho Nacional da Pessoa Idosa.
(Redação dada pela Lei nº 14.423, de 2022).

Enfrentar o envelhecimento, e eu sou prova disso, pode parecer um árduo caminho, entrelaçado com a exclusão e o declínio dos convites sociais, mas dentro deste percurso, há também a promessa de renovação. É essencial cultivar maneiras de transcender esse isolamento, buscando a qualidade de vida e a introspecção como companheiras nessa nova etapa. A desaceleração pode ser uma oportunidade de redescobrir e resgatar a própria história, e, de forma ponderada, escrever novos capítulos repletos de significado.

Temos a tendência de enxergar o passado como o auge de nossas existências, mas é vital introduzir novos elementos ao enredo atual, ingredientes que refresquem o "agora" e incentivem contínua reinvenção. Estimular-se a buscar novos interesses e paixões é um exercício de estar presente e de conexão com inovações. Não se pode permitir que o confinamento em casa limite as perspectivas de vida; é no mundo lá fora que novos sentidos podem ser descobertos, onde cada dia pode ser tecido com beleza e expectativa.

Adquirir algo tão simples quanto uma nova peça de roupa pode ser um ato simbólico de renovação e uma afirmação de que a vida continua vibrante e repleta de possibilidades. Viver à sombra do medo da morte é ceder à paralisia que a sociedade parece endossar. O epílogo da vida pode estar distante — não há razão para cessar os sonhos agora.

Substituir a preocupação excessiva com o futuro, ou a culpa pelo passado pelo aproveitamento do presente é o caminho para uma existência plena. A angústia pelo amanhã não deve sobrepujar o valor do hoje. Se os sonhos e aspirações próprios forem abandonados, prevalecerá a vontade alheia. Portanto, o impulso para mudança e a realização pessoal devem partir de dentro. Cabe a você, idoso, dar o primeiro passo nessa jornada contínua de autodescoberta e vivência.

Parágrafo único. O poder público apoiará a criação de universidade aberta para as pessoas idosas e incentivará a publicação de livros e periódicos, de conteúdo e padrão editorial adequados à pessoa idosa, que facilitem a leitura, considerada a natural redução da capacidade visual.
(Redação dada pela Lei nº 14.423, de 2022)

Um detalhe que sempre me chama a atenção é quando um idoso vai a uma consulta médica, e o diálogo é dirigido exclusivamente ao acompanhante, como se o idoso não estivesse presente ou não tivesse voz. Isso acontece mesmo com idosos que estão em plenas faculdades mentais. Essa atitude é uma forma de violência e desrespeito à pessoa idosa, ignorando sua autonomia e participação ativa no processo. É preciso ampliar o treinamento dos profissionais de saúde para acolher e incluir o idoso no diálogo, reconhecendo-o como protagonista de sua história e sujeito de direitos. Mas também é necessário que o próprio idoso se imponha e exija ser ouvido, para romper com essa dinâmica de invisibilização. A solução passa pela formação e capacitação, seja na esfera pública ou privada, para entender que só o "nós", a inclusão e o respeito às particularidades de cada idoso, possibilitarão uma convivência verdadeiramente humana, pacífica e harmoniosa. A escuta e a atenção focada na pessoa, e não na condição de idoso, podem ser aliadas poderosas na construção de laços de confiança e afeto. Cuidar não é sobrepor a própria vontade, é amar e incluir, ao respeitar a integridade do idoso como um sujeito de direitos.

Art. 16. À pessoa idosa internada ou em observação é assegurado o direito a acompanhante, devendo o órgão de saúde proporcionar as condições adequadas para a sua permanência em tempo integral, segundo o critério médico.
(Redação dada pela Lei nº 14.423, de 2022).

9. Dignidade na Velhice: A Luta pela Visibilidade e Voz na Terceira Idade

A decisão de que um idoso não pode mais morar sozinho nem sempre é tomada pelo próprio idoso. Isso pode acontecer por diversos motivos, como a falta de autonomia física ou mental, a dependência de cuidados de saúde ou a falta de condições financeiras. Quando a decisão é tomada por terceiros, o idoso pode experimentar sentimentos de desvalorização ou desrespeito, isolamento ou solidão, pois seus filhos e netos talvez não estejam disponíveis para conviver e interagir, fazendo-o sentir-se como uma mobília antiga, sem importância ou estima. Isso pode levar a sentimentos de tristeza, abandono e desesperança. A sensação de ninho vazio é comum entre os idosos que se veem sozinhos na casa onde criaram os filhos. Além da solidão, eles podem enfrentar problemas de saúde, financeiros e emocionais. É importante que as famílias se preparem para esse momento, construindo vínculos afetivos com os idosos e garantindo que eles tenham condições de viver com autonomia e dignidade.

Art. 39. Aos maiores de 65 (sessenta e cinco) anos fica assegurada a gratuidade dos transportes coletivos públicos urbanos e semiurbanos, exceto nos serviços seletivos e especiais, quando prestados paralelamente aos serviços regulares.

Em alguns casos, recai sobre um único filho, na maioria mulheres, a responsabilidade e sobrecarga de cuidar de um idoso com demência ou limitações. Por vezes, esse filho (a) — também idoso — se recusa a aceitar cuidadores externos ou a institucionalização. Não há fórmula pronta para essa transição, é preciso saber respeitar, ouvir, assistir e acolher o idoso, sem o culpabilizar. Compartilhar angústias pode ser uma oportunidade de aprendizado mútuo entre gerações, desconstruindo estigmas da velhice. Cuidar com amor e respeito revela mais sobre nós do que sobre o outro. Acolher as limitações sem negligenciar a autonomia do idoso é um exercício delicado, porém necessário. Com diálogo, apoio emocional e eventualmente ajuda profissional, é possível encontrar soluções que beneficiem todos.

É importante cuidar também de quem cuida do idoso, o que requer atenção permanente. Os cuidadores enfrentam uma pesada carga emocional que precisa ser reconhecida e apoiada. Lidam diariamente com demandas físicas, médicas e emocionais complexas e variadas. Necessitam de compreensão, respeito e apoio da família, amigos e sociedade. Sentimentos como estresse, sobrecarga, frustração e culpa são comuns, pois se esforçam para prover os melhores cuidados. É essencial que tenham espaço para expressar essas emoções e obter suporte emocional. Isso inclui filhos, irmãos, amigos e vizinhos que frequentemente se dedicam em visitas exaustivas devido às condições do idoso. O acesso a grupos de apoio, terapia e orientação profissional é fundamental para essas pessoas. Cuidar de quem cuida é uma via de mão dupla, propiciando melhor assistência ao idoso e qualidade de vida a todos os envolvidos nesse processo desafiador, porém gratificante.

Cuidar de um ente querido idoso com demência ou Alzheimer gera um profundo impacto emocional e físico em quem cuida. Quando esse cuidador também é idoso, como um cônjuge ou irmão, o desafio é ainda maior. O trauma e exaustão vividos por esses cuidadores idosos devem ser mais bem compreendidos e apoiados. Ao dispensar zelo e compaixão ao cuidar do outro, manifestam a mais sincera humanidade.

Revelam uma generosidade e solidariedade sem limites, sustentadas apenas pelo amor. O elo que os mantém unidos é frágil, mas profundo. É a expressão mais genuína do que podemos alcançar como seres humanos: amar e cuidar um do outro. É um ato nobre que merece todo nosso reconhecimento e apoio. Cuidar de quem cuida, provendo recursos, apoio emocional e prático, é o mínimo que podemos fazer por essas pessoas idosas que enfrentam esse desafio diário. Elas são um exemplo de compaixão e resiliência.

O cuidado de um idoso enfermo pode ser uma tarefa árdua e desgastante, tanto física quanto psicologicamente. O cuidador, que muitas vezes também é o provedor, pode acabar se sacrificando para atender às necessidades do ente querido, mudando a trajetória de sua própria vida. Tanto o cuidador quanto o doente são vítimas da doença.

Esse quadro se altera completamente quando a família vive em condições de pobreza ou miséria absoluta, muitas vezes ocasionando a abreviação da vida do idoso enfermo, em razão da falta de medicação adequada, além da atenção necessária. O que exige, portanto, do poder público, a urgente e necessária oferta de serviço

A habilidade mais valiosa do ser humano é a capacidade de introspecção. No entanto, o caminho para redescobrir a si mesmo pode ser marcado por adversidades. Na terceira idade, surgem oportunidades únicas para a autodescoberta, apesar dos preconceitos sociais que frequentemente desvalorizam os mais velhos. Esse é o momento de cultivar o amor pelo próprio ser e pelas coisas que lhe dizem respeito. Contudo, não se deve cair na armadilha de idealizar um estereótipo de idoso inatingível, como aquele propagado pelas redes sociais, que parece desafiar a idade com atividades físicas excessivas. Cada pessoa tem seu próprio ritmo e preferências, e é possível que você se redescubra como dançarino ou cantor aos 75 anos. E, mesmo que não encontre essa forma de expressão, há outras maneiras de explorar o autoconhecimento. É crucial que o indivíduo na terceira idade aprenda a ser mais compreensível consigo mesmo e a aceitar seus sentimentos e limitações. Longe de ser uma etapa de declínio, é um momento de reencontro consigo mesmo. A criatividade pode se transformar, não cessar. É a fase de rejeitar a influência externa e deixar vir à tona o que há de mais autêntico e significativo no âmago do próprio ser. Não me refiro a automatismo, como em tempos passados, em que certos comportamentos, como em relação ao sexo, por exemplo, podiam ser adotados de maneira mecânica em busca de satisfação. As relações, outrora automáticas, hoje podem ser mais conscientes e significativas. A experiência acumulada favorece esse processo. Com base no que pesquisei e nas conversas com pessoas excepcionais que encontrei ao longo dos anos, posso assegurar que existe um tesouro oculto em cada pessoa que é fundamental para viver essa fase da existência. Enquanto a sociedade quase sempre espera desilusão da parte dos mais idosos, é exatamente o contrário; é, pois, o momento de reencantar-se pela vida. No entanto, é necessário retomar o foco central do capítulo sobre um fenômeno comum a qualquer classe social: a exploração financeira dos idosos, que se dá pelo furto de dinheiro ou propriedade, o uso de cartões de crédito bancários, a coerção para alterações financeiras ou transferências de propriedade, e, até mesmo, a mudança de testamento ou de outros documentos, sem consentimento. Esse tipo de abuso é, em alguns casos, praticado por membros da própria família ou por cuidadores que, devido à relação de confiança, têm acesso direto aos recursos financeiros dos idosos, o que possibilita tais abusos.

Uma das histórias mais tocantes da minha experiência profissional, remonta à década de 1990, quando trabalhei no Rádio, abordando políticas públicas voltadas para mulheres. Lembro-me claramente de Dona Vitória e Seu Matheus, um casal de idosos às vésperas de se casarem, cuja união era, inicialmente, aceita pelos filhos de Dona Vitória. A situação mudou quando Seu Matheus recebeu aviso-prévio da firma em que trabalhava. Aí, então, os filhos de Dona Vitória passaram a desaprovar o casamento dos dois, com medo de terem que sustentar mais um idoso sem renda. Assim, o amor e o respeito pela vontade e a felicidade da mãe não resistiram à perspectiva de enfrentarem as dificuldades financeiras, após a união dos dois. E, como se vê, Dona Vitória não teve autonomia suficiente para não ceder à decisão arbitrária dos filhos.

É devastador o preconceito enfrentado pela mulher idosa que busca sua autonomia, seja para namorar ou simplesmente viver livremente. Muitas ficam confinadas a um espaço de exclusão, evitando a censura e o controle dos filhos diante de novas escolhas de vida. A conscientização sobre os próprios direitos, a denúncia dos abusos sofridos e a busca por ajuda para enfrentá-los andam de mãos dadas na vida de muitos idosos. É dever de familiares, amigos e vizinhos estarem alertas para sinais de abuso, como o sumiço de bens, alterações suspeitas em documentos e mudanças no comportamento dos idosos.

Na realidade brasileira, muitas mulheres idosas são as principais provedoras de suas famílias e, lamentavelmente, as mais vulneráveis à manipulação emocional por parte de homens que se apresentam como apoio, mas suas intenções são explorar. É necessário que as instituições de cuidado aos idosos adotem estratégias eficazes de prevenção e denúncia de abuso financeiro, que incluam formação especializada para os colaboradores, sistemas de denúncia anônimos e meios de comunicação de suspeitas de abuso, tal como prevê o disque-100. Que se cala compactua com a violência!

10. Conexões Prateadas: Reinventando a Socialização na Terceira Idade

Um dos desafios mais importantes para os idosos é o desenvolvimento e manutenção de relações sociais enriquecedoras. Com a aposentadoria, muitos perdem o contato rotineiro com colegas de trabalho, afetando o senso de comunidade e pertencimento. Ademais, enfrentam a percepção negativa de estarem "ultrapassados" ou "deslocados" em certos círculos sociais, o que pode inibir sua participação em eventos e atividades.

Para superar esses obstáculos, é fundamental que os idosos se engajem ativamente em sua rede social. Se a presença física em eventos não for possível, pequenos gestos como enviar um cartão ou uma mensagem via WhatsApp podem manter a conexão viva.

Em ocasiões como festas, mesmo que não seja viável ficar até o final devido a horários ou distâncias, fazer um esforço para saudar o anfitrião pode reforçar os laços sociais. O importante é se manter presente de alguma forma, preservando e fortalecendo as relações interpessoais.

Neste sentido, vale destacar o poder da música e da arte como vetores de inclusão e construção de vínculos na comunidade, um fenômeno presente nas comunidades de samba nas periferias urbanas. Homens e mulheres, predominantemente negros, tecem uma rede de afetos e suporte mútuo por meio dessas expressões culturais. A música, assim como outras formas de arte, assume um papel essencial na vida desses indivíduos, infundindo alegria e permitindo a expressão criativa que transcende limitações temporais e gerações.

A arte e a música são catalisadoras de lembranças e sentimentos, promovendo saúde emocional e facilitando conexões interpessoais profundas. Para os idosos, em particular, essas atividades são capazes de revigorar memórias afetivas e são essenciais na criação de uma sensação de pertencimento. Elas se tornam uma linguagem universal que permite a todos, independentemente da idade, participarem ativamente da vida comunitária, mantendo-os engajados e em sintonia com o mundo à sua volta.

A dificuldade em estabelecer e manter relações contemporâneas, frequentemente descritas como efêmeras ou "líquidas", é exacerbada por um fenômeno que denomino "colorismo de tempos passados", o que significa que apenas momentos do passado foram bons, impedindo que novos sentimentos surjam. É exemplificado em expressões nostálgicas de viúvas, como "quando seu pai era vivo, aqui tudo andava melhor", que revelam uma resistência à mudança e à aceitação do presente. Esta resistência é um mecanismo que pode levar ao isolamento, pois reforça uma rede neural que enclausura o indivíduo em padrões de pensamento obsoletos, prejudicando a formação de alternativas mais saudáveis de interação, como a comunicação aberta, o afeto e a empatia. Em vez disso, sentimentos de amargura e ressentimento prevalecem, distanciando o idoso de suas emoções e, consequentemente, de seus familiares e amigos.

Quando os comentários depreciativos se tornam frequentes — "Olha lá ele, de novo, com a ladainha de sempre" —, eles refletem uma tristeza profunda, não só pela falta de compreensão e paciência, mas também pelo reconhecimento de que essas atitudes contribuem para a solidão e o isolamento dos idosos. É fundamental que a sociedade trabalhe para mudar essa dinâmica, promovendo inclusão, compreensão intergeracional e valorização da experiência e da sabedoria que as pessoas mais velhas têm para oferecer.

A perda de autonomia e independência representa um desafio significativo na vida de muitos idosos, particularmente quando se trata de mobilidade. Essa dependência pode resultar em exclusão social, pois o indivíduo se vê confinado em seu próprio lar, muitas vezes dependente da ajuda de terceiros para realizar tarefas cotidianas. Surge uma sensação de inutilidade, enganadoramente disfarçada de conforto, que na realidade paralisa e impede a pessoa de enfrentar desafios e buscar mudanças.

Nessa situação, o autocuidado pode se tornar negligenciado, com a pessoa deixando de lado hábitos simples como hidratar a pele, perfumar-se ou maquiar-se, e seu vocabulário pode se tornar limitado, refletindo um estado de tristeza e autopiedade. Fica claro que permanecer o dia inteiro de pijama não é o caminho para a melhoria da autoestima.

Viver sozinho, contudo, não é sinônimo de abandono. Há relatos de pessoas que mantêm uma integração ativa com suas redes de suporte. Cada um deve ter a liberdade e a capacidade de construir seu próprio estilo de envelhecer. Isso pode incluir medidas como compartilhar uma cópia da chave de casa com alguém de confiança ou ter um botão de emergência programado no celular. É vital reconhecer a necessidade dos idosos por uma rede de proteção robusta, que pode incluir amigos próximos, a participação em comunidades religiosas, ou descobrir um novo modo de vida nesta fase.

Famílias também podem organizar um sistema de visitas rotativas, respeitando e apoiando a rede de suporte que o idoso escolheu. É essencial que esse apoio seja prestado de forma a respeitar a identidade e as escolhas do idoso, abrangendo desde atividades domésticas como lavar louça até a realização de tarefas mais difíceis. Não se trata de ter sofisticação ou conhecimento profundo, mas sim de presença e contato humano — o toque. A presença física, a participação nas pequenas tarefas do dia a dia, e o simples ato de tocar podem ter um impacto profundo na qualidade de vida e bem-estar dos idosos. Um olhar de quem ama e que pode curar, sem julgar e adoecer a pessoa idosa.

> *"Eu sou porque nós somos."*
>
> *Filosofia Ubuntu*

A vigilância tecnológica dos idosos, quando consentida, é uma ferramenta que pode fornecer tranquilidade tanto para os familiares quanto para os próprios idosos que vivem sozinhos. Aplicativos de monitoramento permitem acompanhar a rotina diária de forma discreta e segura, enquanto porteiros em edifícios residenciais e a integração em espaços comunitários podem oferecer uma rede adicional de suporte e segurança.

No mercado de trabalho, as barreiras relacionadas à idade podem ser desafiadoras, reduzindo as oportunidades de emprego e aumentando o risco de precariedade financeira, vulnerabilidade e isolamento social.

A sociedade deve desenvolver políticas públicas eficazes que atendam às necessidades diversas dos idosos, respeitando e valorizando suas contribuições. Envelhecer deve ser reconhecido como um direito e uma conquista, não um fardo.

A falta de engajamento — seja físico, social ou mental — pode resultar em deterioração da saúde, aumentando o risco de quedas, que podem ter consequências graves. Romper o ciclo de isolamento e indiferença é crucial. Os idosos precisam ser ouvidos e estimulados a participar ativamente da sociedade.

O acesso à tecnologia pode ser uma janela para o mundo, mantendo-os conectados com familiares e amigos. Atividades físicas e mentais, junto a uma alimentação equilibrada e um ambiente seguro, são essenciais para a saúde e o bem-estar dos idosos. Espaços comunitários que promovem interação, lazer e entretenimento podem contribuir para uma vida mais plena e integrada. Quem sabe uma pequena horta na janela da sua casa, com algumas hortaliças já não sejam o suficiente para alterar a sua visão de mundo.

Ao chegar na terceira idade, muitos lidam com o tempo de forma diferente, sentindo uma urgência em contribuir para as gerações futuras. Essa fase da vida é uma oportunidade para a construção de um novo capítulo e para que o indivíduo construa sua própria história.

A sociedade, no entanto, muitas vezes impõe expectativas, como o cuidado dos netos ou da casa, que podem sobrecarregar os idosos e limitar sua autonomia. É importante reconhecer e respeitar as agendas e desejos dos idosos, permitindo que vivam de acordo com suas próprias condições e preferências, e não apenas segundo as necessidades dos outros.

Art. 38. (Redação dada pela Lei nº 14.423, de 2022).

I — Reserva de 3% (três por cento) das unidades residenciais para atendimento aos idosos;
I - reserva de pelo menos 3% (três por cento) das unidades habitacionais residenciais para atendimento aos idosos;
(Redação dada pela Lei nº 12.418, de 2011).
I - reserva de pelo menos 3% (três por cento) das unidades habitacionais residenciais para atendimento às pessoas idosas;
(Redação dada pela Lei nº 14.423, de 2022).
II — implantação de equipamentos urbanos comunitários voltados ao idoso; II

— implantação de equipamentos urbanos comunitários voltados à pessoa idosa; (Redação dada pela Lei nº 14.423, de 2022).
III — eliminação de barreiras arquitetônicas e urbanísticas, para garantia de acessibilidade ao idoso; III — eliminação de barreiras arquitetônicas e urbanísticas, para garantia de acessibilidade à pessoa idosa;
(Redação dada pela Lei nº 14.423, de 2022)
IV — critérios de financiamento compatíveis com os rendimentos de aposentadoria e pensão. Parágrafo único. As unidades residenciais reservadas para atendimento a idosos devem situar-se, preferencialmente, no pavimento térreo.
(Incluído pela Lei nº 12.419, de 2011).

Parágrafo único. As unidades residenciais reservadas para atendimento a pessoas idosas devem situar-se, preferencialmente, no pavimento térreo.
(Redação dada pela Lei nº 14.423, de 2022)

O neto:
Vovó, por que não tem dentes?
Por que anda rezando só?
E treme, como os doentes
Quando têm febre, vovó?

Por que é branco o seu cabelo?
Por que se apoia a um bordão?
Vovó, porque, como o gelo,
É tão fria a sua mão?
Por que é tão triste o seu rosto?
Tão trêmula a sua voz?
Vovó, qual é seu desgosto?
Por que não ri como nós?

A Avó:
Meu neto, que és meu encanto,
Tu acabas de nascer...
E eu, tenho vivido tanto
Que estou farta de viver!
Os anos, que vão passando,
Vão nos matando sem dó:
Só tu consegues, falando,
Dar-me alegria, tu só!
O teu sorriso, criança,
Cai sobre os martírios meus,
Como um clarão de esperança,
Como uma benção de Deus!

A velhice, Olavo Bilac

Zerbini possui uma vida inteira marcada pela luta em defesa da democracia e é, sem dúvida, um dos nomes mais importantes da luta pela Anistia no Brasil, criando, em 1975, aos 60 anos de idade, o Movimento Feminino pela Anistia (MFPA), que mais tarde seria ampliado com a criação do Comitê Brasileiro de Anistia. Therezinha Zerbini morreu em 14 de março de 2015, aos 87 anos.

11. A Sacola de Afetos: Envelhecendo com Sabedoria e Cuidado

Ao longo da existência, o indivíduo coleta uma miríade de experiências e emoções, armazenando-as numa "sacola de afetos". Essa coleção de vivências, qual um caldeirão efervescente de sentimentos, reúne amores e desafetos, e deve ser habilmente utilizada para nutrir e fortalecer o espírito. Existem inúmeras estratégias para isso, incluindo terapias cognitivas, que podem ajudar a pessoa a romper com padrões destrutivos e a se abrir para mudanças e novas formas de pensar.

Na jornada do envelhecimento, é crucial abandonar modelos ultrapassados e tomar a iniciativa de cuidar de si mesmo. Nutrir-se adequadamente, manter a mente ativa através do estudo, e explorar novos gostos e conhecimentos, como o aprendizado de idiomas, são formas de reacender a paixão pela vida. Resgatar emoções, descobrir o que é verdadeiramente benéfico para si, e se permitir superar as adversidades são passos fundamentais nesse processo. A luta pela felicidade pessoal é tão importante quanto o esforço dedicado aos filhos.

Com relação aos cuidados de saúde na terceira idade, eles exigem atenção especial, com visitas regulares ao médico, uso correto de medicamentos e tratamentos, além de medidas preventivas contra infecções. É vital que exista um conhecimento compartilhado sobre a gestão da saúde entre os idosos e seus familiares.

Emergências de saúde podem desencadear episódios de irritação e até mesmo reações desproporcionais por parte dos cuidadores ou familiares, o que pode reforçar o silenciamento do idoso. O medo de ser um incômodo pode levar ao afastamento e ao isolamento. É essencial que haja uma relação de proximidade e confiança, para que, em momentos críticos, o socorro seja eficaz e o ambiente seja de suporte e não de repressão.

Por fim, embora a administração de remédios seja importante, é o afeto que verdadeiramente salva. A presença carinhosa, a atenção e o cuidado são os verdadeiros remédios para a alma, mantendo o espírito elevado e fortalecido contra os desafios da vida.

12. Inclusão na Prática: Desafios e Direitos dos Idosos no Mercado de Trabalho

A inclusão é, de fato, um tema amplamente debatido na contemporaneidade, porém a prática ainda revela lacunas significativas entre o ideal propagado e a realidade concreta. A inserção dos idosos, especialmente os mais vulneráveis economicamente, no mercado de trabalho em condições de subemprego, é uma falsa inclusão. Essas posições frequentemente não oferecem as condições necessárias para um desenvolvimento pessoal e profissional significativo, mantendo esses indivíduos em um ciclo de pobreza.

Uma verdadeira inclusão requer a criação de oportunidades de trabalho dignas, que ofereçam não apenas uma remuneração justa, mas também perspectivas de crescimento e aprendizado contínuos. Isso implica em acesso à educação continuada, capacitação profissional e políticas públicas focadas na promoção da equidade.

Para que isso aconteça, é necessário um compromisso coletivo para com a mudança cultural e institucional. A conscientização pública sobre as questões de desigualdade e a adoção de medidas práticas para combater tais discrepâncias são cruciais. As políticas de inclusão devem ser abrangentes e ativas, buscando transformar o discurso em ações concretas que efetivamente melhorem a qualidade de vida dos idosos, permitindo-lhes participar plenamente na sociedade.

13. Além do Tempo: A Luta pela Igualdade de Gênero na Velhice

O machismo e a estrutura patriarcal impõem um fardo desproporcional sobre as mulheres ao longo de suas vidas, um fardo que se torna ainda mais pesado durante a velhice. As mulheres idosas enfrentam um estigma intensificado pela valorização social da juventude e da beleza, características tradicionalmente associadas à feminilidade. Com o envelhecimento, muitas vezes são vistas como menos produtivas ou relevantes, o que pode levar ao isolamento social, à depressão e a um acesso inadequado a cuidados de saúde.

A interseccionalidade destas questões amplifica ainda mais as adversidades para as mulheres que também são pobres, negras e/ou com deficiência, pois elas enfrentam múltiplas camadas de preconceito e discriminação. As consequências dessas desigualdades sistêmicas são não apenas individuais, mas também coletivas, afetando toda a estrutura social.

Combater o machismo e promover a igualdade de gênero é fundamental para assegurar que as mulheres possam envelhecer com dignidade e segurança. Este combate requer a implementação de políticas públicas efetivas que promovam a igualdade de remuneração, melhorem o acesso aos cuidados de saúde e forneçam apoio através de licenças parentais e outros meios. Além disso, é necessário um investimento contínuo em educação e serviços de saúde específicos para mulheres, que considerem suas necessidades únicas ao longo da vida, inclusive na terceira idade.

A mudança necessária envolve transformações culturais profundas, que questionem e redefinam valores enraizados e práticas discriminatórias. A luta por uma sociedade mais equitativa e justa para as mulheres idosas é também uma luta por uma sociedade melhor para todos, onde cada indivíduo tem a oportunidade de contribuir e de ser valorizado em todas as fases da vida.

Capítulo final

Chegamos ao fim desta curta, mas proveitosa jornada de reflexões sobre o envelhecimento acreditando que pudemos compreender a importância de encarar essa fase da vida sob uma perspectiva mais realista, com a naturalidade que a vida nos exige e a convicção de que somos, acima de tudo, sujeitos de direitos. Que afinal de contas é um privilégio envelhecermos.

O meu aprendizado a respeito do idoso foi forjado, principalmente, na relação com um pai cuja idade era muito superior à de minha mãe e, portanto, ainda mais distante da de seus filhos. Um homem que chegou ao Brasil no comecinho do século passado, após 48 dias de viagem, carregando consigo como bagagem, além da pouca idade – desembarcou com apenas 11 anos-, uma língua diferente, o árabe, e costumes distintos aos dos brasileiros. Mas aquele garotinho estava sustentado pela vivência junto aos seus antepassados (idosos) e movido pela força que corria em seu sangue que o fazia perceber, ainda muito novo, a necessidade da sobrevivência. Superou as adversidades que a realidade empunha sobre o corpo e a vida de um imigrante e fez família, pasmem, no limiar da velhice, com pouco mais de 50 anos. Foi um homem que jamais aceitou a condição de vítima e não se deixou mutilar pelas violências que sofreu ao longo das décadas, o que inclui a morte prematura de sua esposa; pelo contrário, transformou a dor em amor, e o afeto em companhia na criação de seus três filhos. De modo que aprendi a vê-lo como um ser detentor de sabedoria e experiências inestimáveis, pois, lamentavelmente, não pude ver o envelheSer de minha mãe.

E com isso, passei a reconhecer nas interações com os mais velhos que tal relação deve fundamentar-se numa coexistência permeada de dignidade e qualidade, distante dos paradigmas obsoletos que perpetuam a violência e a negligência com os mais velhos. Portanto, é essencial derrubarmos essas barreiras limitantes e celebrarmos o envelhecimento como um processo repleto de desafios, mas de muitos encontros e reencontros - até consigo mesmo.

A terceira idade é capaz de abrir portas para novas vias de aprendizado e autodescoberta. Seja por meio da convivência com o nosso próprio "EnvelheSer"; seja por meio do convívio com entes mais velhos; quem sabe aconteça na hora de escrever um livro, ou ainda mudando-se para o campo ou a praia; ao escalar montanhas ou correndo maratonas, ou ainda na zeladoria do bairro. São as ricas experiências acumuladas ao longo dos anos que constituem um legado precioso, com o potencial de enriquecer não somente a vida dos idosos, mas de toda a sociedade. A velhice oferece uma oportunidade única para uma vida plena e gratificante, e é dever de todos nós contribuir para que todas e todos tenham acesso a essa realidade.

Este livro nasceu com a ambição de promover uma reconexão humana com o outro e com meu o próprio eu. E convida-nos a sonhar, a imaginar, e a conversar olhando nos olhos e a reconhecermos nossa vulnerabilidade como um caminho para o crescimento e a ter empatia, evitando o afogamento nos remoinhos dos problemas cotidianos e das tragédias pessoais.

Hoje, aos nos depararmos com uma nova realidade, com idosos presentes em todos os espaços: seja no elevador, no trânsito, nas telas do cinema, enfim, e, não perceber isso, é reproduzir a violência que invisibiliza o mais velho.

Como disse ao longo destas páginas, foram inúmeras as rodas de conversa que participei e lutas que defendi ao longo da minha jornada de vida, fosse como assistente social ou defensora da pauta de gênero, percebendo, ao fim e ao largo, muito claramente, que há quem se encante por essa fase da vida – mas não aquele encantamento irresponsável, sem propósito, mas o que lhe permite continuar sonhando os mesmos sonhos dos mais jovens; que lhe autoriza a viver mais intensamente aquilo que eventualmente não se viveu.

Lembro-me, por exemplo, que nas décadas de 1970 e 1980, havia uma vigilância sobre e para a participação feminina nos espaços de discussão, sobre quaisquer que fossem os assuntos; hoje, é preciso recuperar esse modelo de resistência – no qual o idoso se destaque em defesa das políticas públicas e comportamentais que dizem respeito à essa população e explicitar o compromisso de combate à violência, ao preconceito e à demais violações de direitos.

Notei, por exemplo, que um comportamento mais ativo do idoso, muito calcado no sentimento de urgência, é capaz de desempenhar um papel extraordinário na alteração do ambiente em que se vive. É justamente o acúmulo dessa experiência ao longo do tempo que propicia uma perspectiva única, repleta de valores para o planejamento e a criação de ambientes mais sustentáveis e inclusivos. A nossa participação não só promove a integração social e o senso de pertencimento, como também é combustível para inspirar as gerações futuras a cuidarem e preservarem o lugar em que vivem.

Não se pode perpetuar a violência contra os idosos!
Somos pessoas com os mesmos direitos!
Viva o presente como um compromisso de vida!
Não temos idade! Temos vontade de viver!

Agradeço sinceramente por você ter acompanhado até o fim. Sua companhia nesta viagem literária, dedicando seu tempo e atenção, foi uma honra imensa. Que as palavras aqui partilhadas ecoem e contribuam para a sua jornada pessoal e coletiva.

Muna Zeyn
Assistente Social

"Não desista", de Mario Benedetti[1]

[1] Em 1920, no Uruguai, nasceu Mario Orlando Hardy Hamlet Brenno Benedetti Farrugia, mais conhecido como Mario Benedetti. Jornalista e escritor pertencente à "Geração 45", ele nos deixou joias como esta abaixo.

Não desista.

Não desista, você ainda está a tempo.
alcançar e começar de novo,
aceitar suas sombras, enterrar seus medos,
libertar o lastro, retomar o voo.

Não desista que a vida é isso,
continuar a viagem,
correr atrás dos seus sonhos,
destravar o tempo,
correr os escombros e desentupir o céu.

Não desista, por favor, não se entregue.
embora o frio queime,
mesmo que o medo morda,
mesmo que o sol se ponha e o vento se cale,
Ainda há fogo na tua alma.
Ainda há vida nos teus sonhos.
Porque a vida é sua e sua também o desejo.
Porque o amaste e porque te amo.

Porque o vinho e o amor existem, é verdade.
porque não há feridas que o tempo não cure,
abrir as portas, tirar as fechaduras,
abandonar as muralhas que te protegeram.

Viver a vida e aceitar o desafio,
recuperar o riso, ensaiar o canto,
baixar a guarda e estender as mãos.
abrir as asas e tentar de novo,
celebrar a vida e retomar os céus,

Não desista, por favor, não se entregue.
embora o frio queime,
mesmo que o medo morda,
mesmo que o sol se ponha e o vento se cale,
Ainda há fogo na tua alma.
Ainda há vida nos teus sonhos.
porque cada dia é um começo,
porque esta é a hora e a melhor hora,
Porque não estás sozinha?
Porque eu te amo.

En
ve
lhe
Ser

pólen bold 90 gr/m2
tipologia garamond
impresso no inverno de 2024